李翔生 編著

色彩心理學：

用色彩打造你的人際優勢

www.foreverbooks.com.tw

yungjiuh@ms45.hinet.net

Power 系列 58

色彩心理學：用色彩打造你的人際優勢！

編　　著　李翔生
出 版 者　讀品文化事業有限公司
責任編輯　林秀如
封面設計　林鈺恆
美術編輯　王國卿

總 經 銷　永續圖書有限公司
　　　　　TEL ／(02)86473663
　　　　　FAX ／(02)86473660
劃撥帳號　18669219
地　　址　22103 新北市汐止區大同路三段 194 號 9 樓之 1
　　　　　TEL ／(02)86473663
　　　　　FAX ／(02)86473660
出 版 日　2020 年 01 月

法律顧問　方圓法律事務所　涂成樞律師
CVS 代理　美璟文化有限公司
　　　　　TEL ／(02)27239968
　　　　　FAX ／(02)27239668

國家圖書館出版品預行編目資料

色彩心理學：用色彩打造你的人際優勢！／
李翔生編著.--初版.--新北市： 讀品文化，
民 109.01　面；公分.--（Power 系列：58）
　　ISBN　978-986-453-113-4（平裝）
　1. 色彩心理學
176.231　　　　　　　　　　　　　　108019306

序
「喚醒沉睡的色彩智慧

　　「心理學」這個詞來源於希臘文，意思是關於靈魂的科學。隨著時代的發展，心理學的研究對象不再是靈魂，而是變成了人的心理活動。不過，直到19世紀初，心理學才首次作為一門科學登上了歷史舞臺。它研究人類的各種行為以及人類行為背後的心理動機，並對所產生的心理現象進行說明。

　　目前，關於色彩與人類心理關係的研究越來越多，「色彩心理學」這個概念也應運而生。雖然目前色彩心理學還沒有被心理學家族正式接納，但是色彩對人類心理存在的影響是客觀存在的，而且這門學問也已經開始用於解決現實生活中的心理問題。

　　我們可以根據一個人對顏色的偏好，大致判斷出他的性格；不同的色彩對他人也會產生不同的影響，有些人正是利用了這一點在職場上風生水起。另外，當我們心情低落的時候，顏色也可以成為治癒心病的良藥。

　　近些年來，關於色彩心理學的基礎研究日益增多，同時人們也開始把研究成果應用於實踐中。有時候我們看到某

種顏色，腦海裡就會浮現出一種品牌的標誌，這正是色彩心理學在企業形象塑造中的作用。

當我們在五光十色的櫥窗前駐足，或者為多姿多彩的商品掏出錢包時，你一定沒有想到正是色彩在悄悄誘惑你的內心。以上的這些，只是色彩影響人類心理的幾個小例子。事實上，在我們的生活中，色彩無處不在，幾乎時時刻刻都在影響著我們的內心，只是我們並沒有注意到這一點而已。

色彩帶給我們的影響是複雜的，經常是多種效果混合在一起的複合效果。而且，由於每個人的成長背景存在差別，色彩對人的影響存在巨大的個體差異。不過，這也讓色彩心理學充滿變化和趣味性。

如果掌握了色彩與人的心理活動之間的關係，這樣我們就可以利用色彩的能量來改善性格，也可以減少因色彩使用不當而給人帶來的困惑。另外，掌握一些色彩心理學知識，我們還可以看到別人無法看到的色彩世界，我們的生活也會因此變得更加精彩有趣。

測一測，你的色彩心理課合格嗎？

不同的色彩有不同的性質，這些性質對人的心理也會產生一定的影響，色彩心理學是要告訴人們如何利用色彩來改變自己的心理狀態以及影響別人的心理。色彩對人們心理的影響幾乎是無處不在的，大家可以透過下面的題目來瞭解一下色彩心理學涉及的範疇。

1. 以橘色或者紅色為主色調的速食廳適合（ ）

　　A. 談心　　B. 吃飯　　C. 約會　　D. 放鬆心情

2. 哪種色彩能夠減少監獄裡的暴力衝突（ ）

　　A. 黑色　　B. 灰色　　C. 白色　　D. 淡粉色

3. 哪種顏色代表醫藥行業（ ）

　　A. 紅色　　B. 黃色　　C. 紫色　　D. 綠色

4. 推理小說的封面最適合選用哪種顏色（ ）

　　A. 粉色　　B. 綠色　　C. 黃色　　D. 黑色

5. 女性第一次約會的時候最好穿什麼顏色的衣服（ ）

　　A. 綠色　　B. 藍色　　C. 紅色　　D. 白色

6. 喜歡粉色的人性格有什麼弱點（ ）

　　A. 避世　　B. 憂鬱　　C. 依賴性強　　D. 暴躁

7. 喜歡哪種顏色的人心態最平和（ ）

　　A. 黃色　　B. 紅色　　C. 藍色　　D. 橙色

8. 需要向別人表達強硬的立場時，應選擇（ ）

　　A. 黑色　　B. 紅色　　C. 紫色　　D. 灰色

9. 選擇（ ）餐具可以使減肥事半功倍

　　A. 紅色　　B. 橙色　　C. 藍色　　D. 白色

答案： 1B；2D；3D；4D；5C；6C；7C；8A；9C

　　色彩心理學的研究涉及偏好色代表的性格、色彩對自己以及他人的影響、色彩與生活各個方面的關係。如果上面的問題沒有回答正確也不要沮喪，閱讀完本書之後你就能找到答案。

2. 掌握搭配法則，揭祕配色印象

3. 積聚正能量，從色彩開始

4. 衣著搭配中的色彩奧祕

5. 提升工作效率的色彩寶典

6. 人際交流中的色彩「暗語」

7. 裝飾色彩的心理控制術

8. 商戰中的色彩行銷法

Part **1** 改變氣場的色彩攻略

選對色彩，改變「對外形象」

　　顏色可以作為一種溝通手段，將自己內心的感情表露出來，同時顏色也可以作為一種改變自己的手段，向外界展示不一樣的自己，讓別人感受到不同的氣場。

　　對於女性來說，這一點很好理解。因為女性的妝容實際上就是利用色彩改變的氣場和氣質。淡妝和濃妝給人帶來的感覺肯定是不一樣的。

　　男士對這一點的體會可能沒有那麼深，因為男士在工作的時候經常會選擇西服套裝搭配領帶的造型，認為這樣穿是最安全的穿法，但是在追求安全的過程中也失去了自己的個性。其實男士也可以利用色彩來改變自己的氣場，根據不同的場合打造不同的形象，讓自己的工作變得事半功倍，生活更加愜意悠閒。

　　比如，與別人初次見面的場合和談判桌上，穿著黑色衣服給別人的感覺就大不一樣。初次見面穿著黑色，別人可能會認為你穩重，或者有些冷酷。但是在談判桌上，這樣的顏色讓人感覺到威嚴感，對方會覺得你說話很有權威性，不敢輕易反駁。

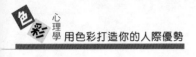

　　瞭解了顏色中包含的訊息，大家就可以利用色彩來打造不同的形象，利用不同的氣場去影響別人。讓別人看到就可以透過調整自己服裝的顏色，向對方傳遞不同的資訊或給對方留下不同的印象，不過，顏色給對方留下的印象和帶來的心理效果，具有兩面性，想要突出其中一面、消除另一面的話，可以透過顏色的搭配或其他因素來協調解決。

　　另外，你在不經意間選擇的顏色也可以在不知不覺中傳達出自己身體和心理上的訊息，它代表著你內心的某種期待或渴望，你也可以透過這種色彩語言更加清楚的瞭解自己。

重點歸納

色彩與氣場

　　色彩不僅可以影響自己，完善自我，同時也可以打造出不同的氣場去影響他人。我們可以根據不同的場合、不同的目的選擇不同的顏色來打造不同的印象，影響別人。

　　另外，色彩在不經意間也會透露出你內心想成為什麼樣的人，可以利用色彩來更加深入的瞭解自己並成為理想中的自己。

禁止唱反調，黑色來壓場

　　不少人在眾人面前做演講或者陳述觀點的時候很容易感覺到緊張，在面對他人的時候總是想極力隱藏這種心理。一旦周圍的人感覺到你的這種情緒，人們就會在腦海中把你定義為一個缺乏自信的膽小鬼。

　　其實，作報告的時候感覺緊張，常常是對自己的報告缺乏自信，怕別人提出自己難以回答的問題，處於令人尷尬的境地。這個時候，只要塑造出具有強大威嚴感的氣場，別人就會受到影響，會減少對報告的挑剔。另外，黑色也可以讓自己更有自信，隱藏內心的軟弱和不安，從容的面對別人的提問。

　　黑色打造的氣場傳達給別人的訊息是「誰也別想指使我」、「我說的話不容反駁」以及「我是一個決絕的人」。

　　因此在對別人下命令、作指示的場合，穿著黑色衣服會收到很好的效果。

　　在談判桌上，面對掌握了主動權的對手，如果還想要提出有利於自身的可行性方案，最好的選擇也是黑色。黑色可以演繹出極強的威嚴感和氣勢，對方會從你的氣勢中感

覺到你所提出的條件具有重要意義。

此外，對方還能夠從黑色中讀出你決然的意志和不屈的精神。在不想做出讓步時可以用黑色來影響對方。不過，黑色表達的是強烈的拒絕和反抗，如果只用黑色很容易讓談判陷入無法回頭的僵局，此時可以搭配一些暖色來中和黑色帶來的威嚴感。

由於黑色具有強烈的拒絕意味，可以幫助你把壓力阻擋在外。如果你經常不自覺的挑選黑色衣服的話，代表自己壓力過大，不想被別人打擾，想要安靜的休息。

如果你想要擁有權威的氣場，讓別人不敢輕易反駁或接近，黑色是最好的選擇。

重點歸納

黑色傳達的訊息

黑色傳達給對方的訊息是「誰也別想指使我」、「我說的話不容反駁」、「我是一個決絕的人」等，所以非常適合用在命令別人的場合。

但是黑色具有強烈的拒絕意味，人們會不自覺的遠離經常穿黑色的人，不過從另一個角度來看，這樣也不會被一些瑣事打擾。如果你總是喜歡接近黑色，代表你壓力過大，不想說話，只想安靜的休息。

取信於人，「誠實」的白色

　　白色能夠給人帶來一種聖潔的感覺。穿著白色的人會讓人聯想到這個人的內心很高尚，有神聖的信仰，不允許自己的內心有醜惡的事物，就像小孩子一樣純潔天真。因此白色是一種很容易取得他人信任的顏色，別人會像相信小孩子一樣信任你。當你需要向別人傳達你的誠意或者需要取得他人信任的場合，白色是最佳的選擇。

　　白色除了能夠給別人帶來誠實的感覺，它還傳達出「我在認真聽你說話」「我很有個性」「我是一個愛乾淨的人」等含義。

　　穿著白色的衣服去溝通，不僅能夠讓別人對自己產生信任感，而且對方還能夠感覺到你對他的尊重，因為你在用心聽他說話。

　　不過，白色服裝給人一種冷冰冰的感覺，會給別人距離感，所以第一次與人見面的時候最好不要穿白色衣服，在兩個人熟識之後，最好也不要穿一身白色衣服，最好透過與其他顏色的搭配，既給別人留下整潔的感覺，同時也不會讓彼此之間產生距離感。

　　白色是一種無彩色，與其他顏色相比，白色能夠體現出獨特的個性，表達出自己的獨特品味和追求完美的性格。別人也會對喜愛白色的你產生深刻的印象。在現代社會，能夠讓別人記住，甚至是留下印象，對以後開展其他的工作都有很大的好處。

　　白色能夠給人帶來整潔感是毋庸置疑的，這也是醫院的醫生、護士要穿白色制服的原因之一。當然，要想利用白色的整潔感來打造完美的印象，你必須要保證自己身上的白色是很乾淨的，不能有黃斑或者其他的汙漬，因為白色雖然能夠帶來整潔感，但是白色上的汙漬也很容易明顯地表現出來。

　　在很多國家的風俗中，白色都是一種高貴的顏色，它代表著孩子一樣的純潔、天真，所以白色是打造「誠實」氣場的法寶。

重點歸納

白色傳達的訊息

　　白色傳達給別人的訊息是「我很誠實」、「我在認真聽你說話」、「我很有個性」、「我是一個愛乾淨的人」等等，非常適合用在需要取信於人的場合。

　　使用白色的時候需要注意：白色容易帶來距離感，最好與其他的顏色搭配；使用白色的時候一定要保證乾淨，不要有斑點或者汙漬，否則起正面效應就會削弱，甚至消失。

灰色，不爭名利的世外高人

　　灰色屬於無彩色，介於黑色和白色之間，是一種「中庸」的顏色。灰色這種顏色作為單色是一種暗沉的顏色，但是突出其他顏色的能力卻很強，所以穿著灰色的人給其他人的印象也是中庸的，不喜歡出風頭，也沒有大喜大悲，情緒很穩定，就像電視劇中的世外高人一樣無慾無求，散發著平靜的氣息。

　　穿著灰色的人會給人這樣的印象，這是一群受過良好教育且有教養的人。這樣的人很少考慮私利，總是把組織或者團體的利益放在自己之上。除了不與人爭權奪利，他們還很善於平衡各方面的力量，讓各方面力量向著一個方向努力。

　　灰色能夠給人帶來不爭名利的印象，同時它也可以讓其他人感覺到一種不強烈的距離感。當你壓力很大的時候，如果不想受到外界打擾，或者不想介入某個事件，也可以穿灰色衣服表達自己不想捲入這樣的事情中，其他的人會從顏色中讀出你的想法。但是灰色表達出的拒絕與黑色那種強硬的拒絕不一樣，是存在轉圜餘地的，因此穿著灰色

的人更容易贏得別人的敬重。

除了不爭名利和不強烈的拒絕，灰色傳達出的訊息還有「我是認真的人」、「我和你的想法一致」等訊息。中庸的灰色很容易被外界所接受，能將我願意跟隨你的資訊傳達給別人，表現出一種順從謙虛的美德。

不過，總是穿著灰色不求變化的話，人們就會認為你缺少突破的勇氣，容易使自己陷入被動的境地，所以使用灰色的時候要注意頻率，偶爾也要用一些比較強烈的顏色來突出自己的個性。

重點歸納

灰色傳達的訊息

灰色傳達的訊息是「我不想爭權奪利」、「我把組織利益放在私利之上」、「我是認真的人」等正面訊息，這種顏色比較適合有閱歷的成熟人士使用，不適合年輕人。不過，灰色使用過多也會造成缺乏進取勇氣的印象，所以要注意灰色的使用頻率。

紅色，舞台中心的 Super Star

　　留著長長的白鬍子，穿著一身紅衣服的聖誕老人是耶誕節不可或缺的角色，他會在每年的聖誕夜發禮物給孩子們，所以很受小孩歡迎。

　　不過最初，紅色並不是聖誕老人的專用色。據說聖誕老人還曾經穿著藍色的服裝出現過。直到1931年，可口可樂公司為了宣傳自己，把作為公司標誌色的紅色穿在了聖誕老人身上。紅色的聖誕老人走到哪裡都會成為眾人的焦點，自此不僅可口可樂公司賺得盆滿缽滿，而且穿紅衣服的聖誕老人也成了聖誕老人的標準造型。

　　上面的事例從一個側面證明了紅色氣場，它是一種讓人無法忽略的顏色，能夠讓人不自覺地把目光聚焦在紅色身上，紅色天生就是聚光燈下的超級巨星。正因為紅色強大的吸引目光能力，它所傳達給外界的訊息是「請注意我」、「我想引人注意」、「我精神很好」、「我喜歡華麗的東西」、「我喜歡刺激」等極具幹勁和勇氣的訊息。由於紅色引人注目的能力很強，所以非常適合初次見面的時候穿著，既可以讓對方感受到你熱情的個性，同時也會給對方

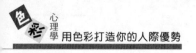

留下深刻的第一印象。

　　穿著紅色的人總是能讓人感覺到積極的衝勁和勇氣，同時也能感受到你潛在的力量，穿著紅色的人都是充滿自信的，這種由內而外散發出來的自信可以感染周圍的人，讓他們相信你的能力。

　　紅色對自己的影響也很大，當你缺乏自信的時候，不妨穿些紅色來提高自己的信心吧！但是缺乏自信的人常常沒有勇氣去嘗試紅色，那你不妨試試把紅色吃掉的自我激勵法！把紅色吃掉同樣可以提高自信。

　　這些紅色食物包括番茄、櫻桃等，這些食物的色彩能夠提高信心，本身又富含維生素A、C，能夠起到增強體力的作用，可以緩解因工作和生活壓力導致的疲勞，對心血管還有保護作用，可謂「一舉多得」！

　　當內心充滿信心時，你就獲得了把紅色穿上身的勇氣，其他的人自然也就能被你的自信所感染了。

重點歸納

紅色傳達的訊息

　　紅色所傳達的訊息是「請注意我」、「我想引人注意」、「我精神很好」、「我喜歡華麗的東西」、「我喜歡刺激」等極具幹勁和勇氣的訊息，適合用在需要吸引別人注意力的場合，比如演唱會、企業宣傳等。

　　紅色是一種充滿激情的顏色，這種顏色不僅能夠讓別人感受到你的信心，對於提高自己的自信心也有很好的作用。

缺乏安全感，試試粉紅色

粉紅色被認為是女性的顏色。曾經有一家機構做過調查，結果顯示如果粉色和藍色兩種顏色擺在面前，通常女性更偏愛粉色，男性則更喜歡藍色。研究人員認為女性對粉色的偏愛可能與進化過程有關。因為女性在長期的進化過程中主要負責採集，而成熟的水果多數是紅色的。經過長期的演化之後，這類偏紅的顏色就成了女性最喜歡的顏色，其中自然包括粉色。

由於女性的身體素質不如男性，所以女性所喜歡的粉紅色也因此而帶上了一些柔弱感。粉色帶給別人的感覺是寬容、溫柔。人們都願意與穿著粉色服裝的女性接觸，因為這類女性給人的感覺就是性格溫柔穩重的和平主義者。其中淡粉色給人的感覺是溫柔典雅，氣質優雅，喜歡照顧他人，總是對未來充滿信心；而濃烈的粉色則讓人想起穿著紅色的人，是活潑熱情的人。

粉紅色是一種甜蜜的顏色，人們看到這種顏色心裡就會湧起濃濃的幸福感。人們也常常認為粉色是家境富裕的女孩所偏愛的色彩，這樣的女孩沒有受過挫折，對於外界的

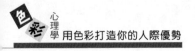

壓力和痛苦一無所知，始終保持著少女的單純，因此人們面對穿著粉色衣服的女孩時，心裡也會產生憐惜感，很害怕她在社會中受到傷害，會不知不覺地想要保護她。所以，當你缺乏安全感，或者需要別人疼惜的時候，可以用粉色來裝點自己，激起他人的保護慾。

另外，粉色也被稱為「桃色」，是愛情的代表色，所以當別人看到穿著粉紅色衣服的人時，人們會認為她正處於甜蜜的戀愛中，或者她試圖引起某位男士的注意。如果你喜歡一位男士卻不知如何開口，不妨用粉色的女人味去吸引他吧！

如果男士穿著粉色的衣服，他會散發出一種體貼的感覺，周圍的人會感覺到這種溫柔的氣場，會不自覺的對他產生好感。如果你也想要獲得安全感或者別人的關注，使用粉色是很好的選擇，女性選擇這種顏色效果更佳。

重點歸納

粉色傳達的訊息

粉色傳達給外界的訊息是「請愛護我」、「請保護我」、「我很幸福」、「我能照顧別人」等，適合需要獲得安全感或者他人關注的心情或場合。

粉色可以平靜對方的情緒，激起對方的保護慾。同時粉色也是可以表現戀愛甜蜜的顏色，能夠讓人感覺到你被濃濃的幸福包圍著。

理性且可靠，藍色的印象氣場

藍色象徵著知性和權威，被譽為「賢者之色」。在審判官、經營者等需要決斷力的職業中，喜歡深藍色的人十分常見。他們喜歡知識和權威，擅長自我管理，有不少人身居要職。不過這類人一定要注意傾聽別人的想法，防止獨斷專行，最終落得眾叛親離的下場。

正是由於藍色體現了知性和權威，所以藍色可以形成理性可靠的氣場，讓別人相信你的權威性。當你被藍色包圍的時候，周圍的人會認為你是一個能夠冷靜思考的人，能夠發現別人忽略的小細節，最終做出理性的判斷。

藍色有很多種，不同的藍色形成的氣場也不盡相同。如果用藍色作為服裝的主色調，穿著深藍色系衣服的人看起來比穿著淡藍色系衣服的人更加理性，不過這種深藍色也容易讓別人感覺到壓力，給人凌駕於別人之上的感覺。

藍色還能給人帶來可靠的感覺，讓別人能夠放心的把工作交給你，並且相信你一定能夠做好。因為藍色不僅代表了知性理性，而且也能夠給人帶來謙虛謹慎的印象，穿著藍色衣服的人看起來都是謹慎的人，一定會按照規矩辦事。

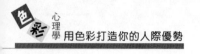
　　因此，受理顧客投訴的員工最好選擇藍色服裝，當顧客看到藍色的時候，他會相信你的專業性，也認可你的可靠性，相信你一定會把問題解決徹底。

　　不過，理性的氣場有時候也會給自己帶來麻煩。理性的人通常謙虛、平和、不好鬥，有些人可能會因此認為你是一個好欺負的人，自己可能會因此承擔很多不必要的壓力。所以在利用藍色形成理性氣場同時，也要注意保護自己的利益，不要壓抑自己、委曲求全。

重點歸納

藍色傳達的訊息

　　藍色傳達給外界的訊息是「我能解決問題」、「我是一個理性的人」、「請放心把工作交給我」、「我一定能夠做好」，適合需要理性思考而且承擔責任的工作場合。

　　不過藍色也容易給人好欺負的印象，這樣會給自己增添不少壓力，此時可以選用紅色來豐富一下自己的感情。

公平冷靜，中立的黃色仲裁者

在中國古代，黃色是象徵著權力和高貴的帝王家族專用色。佛教、印度教、道教還有儒教，都認為黃色是最高貴的顏色，直到今天，高僧們還穿著黃顏色的僧衣。

正是因為黃色服裝都是被這些代表著公平的人穿著，所以長久以來，黃色在中國都代表著中立的仲裁者。如果你需要去為別人解決糾紛並且需要冷靜判斷的時候，最好穿著黃色的衣服去。這樣別人會相信你的中立立場，並對你做出的判斷表示認同。

黃色之所以能夠代表中立，除了文化的傳承之外，可能與黃色帶來的心理效應也有關。首先黃色是一種讓人快樂的顏色，人們看到這樣的顏色，心情會變得比較舒暢，這樣雙方溝通起來也變得更容易一些。在這樣的情況下，鬧糾紛的雙方不會覺得是黃色促進了雙方的溝通，只會覺得穿黃衣服的人是公平冷靜的仲裁者。

除了能形成黃色的仲裁者氣場，黃色最主要的氣場還是給別人帶來快樂。大家看到穿著黃色衣服的人，都會形成這樣的印象：這是一個活潑開心的人，不僅自己樂觀，而

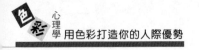
且能夠給大家帶來快樂。穿著黃色的人還是喜歡嘗試新鮮事物的人，有什麼新鮮的食物或者新奇的玩具想去嘗試卻沒人陪你的時候，找喜歡黃色的人一定沒錯！如果你想要很快融入新的團體或者成為人見人愛的「開心果」，選擇黃色一定沒錯！

重點歸納

黃色傳達的訊息

黃色傳遞給外界的訊息是「請盡情的溝通吧」、「請快樂的做吧」、「我很高興」、「我喜歡新鮮的事物」等，適合幫助別人進行調解或者想要改善與別人關係的場合。

由於黃色可以促進溝通，所以在為鬧糾紛的雙方進行仲裁的時候，可以穿黃色衣服讓雙方自由的溝通，從而解開心結。黃色還是一種快樂的顏色，歡樂的心情可以影響周圍的人，讓人們都喜歡與你交往，擴大自己的交際面。

和平共處，綠色打造和諧氛圍

　　綠色位於紅色和藍色之間，象徵著自然，是平和與協調的象徵。綠色能夠形成平和的氣場，最適合打造和諧的氣氛。

　　用綠色裝扮自己的人總能給人帶來心境平和、信念堅定的印象。他們就像大自然中的綠樹小草一樣清新自然，能夠與周圍的人和平共處，善於控制情緒，而且能夠敏銳地察覺到別人的感情波動，很會照顧別人，幾乎能夠得到所有人的喜愛。

　　正是由於每一個見到你的人都喜歡你，而且你在外界塑造了穩重、貼心的形象，所以人們遇到困難都喜歡找你幫忙。此時如果你拒絕了給別人幫忙，大家就會覺得你變了，這很容易把自己推入進退兩難的境地。所以如果你並不是從內心喜歡綠色，也並不具有喜歡綠色的人所特有的性格，只是想利用綠色來營造一種自己很好接近、喜歡和諧的氣氛，那麼最好要注意綠色的使用範圍和頻率。對於自己不願意幫的忙，一定要學會拒絕。

　　此外，綠色還會給人帶來不願意出風頭的印象，而且喜歡綠色的人也不願意積極地行動，只有與同伴在一起的時

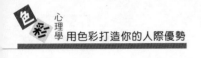
候，他們才有行動的動力。因此人們在安排工作的時候，尤其是台前的工作，可能會刻意迴避喜歡綠色的人。因此，如果你只是想用綠色暫時改變自己的形象，可以在工作人員安排工作的時候主動表達出自己的真實想法。也可以透過多多參加集體活動，來沖淡大家對於綠色的刻板印象。

由於綠色與藍色是相鄰的顏色，所以綠色同樣能讓人看起來可靠和沉穩，可以讓人放心地把重要的事務交給你去打理。

想要與周圍的人和諧相處，穿綠色的衣服就可以輕鬆營造出和諧的環境，烘托出一種和平友好的氣氛。它可以幫助談話雙方迅速建立起信賴感，達到雙方互信的目的。

重點歸納

綠色傳達的訊息

綠色傳遞給外界的訊息是「和平共處」、「保持平衡」、「誰來想辦法解決這個問題」等等，適合需要建立信賴關係的環境。不過綠色也會形成讓人不願意積極行動，凡事希望別人帶頭的氣氛，要在應用過程中多加注意。

▌活力橙打造無憂的快樂天使

　　橙色具有紅色的熱情和黃色的開朗，總體來說橙色是一種積極而快樂的顏色，人們看到穿著橙色衣服的人，能夠感受到他身上所散發出來的快樂能量。

　　人們都樂於與喜歡橙色的人接觸，因為他們看起來很好接近，而且心態樂觀積極，給人很好相處的印象。他們快樂無憂的樣子讓周圍的人也感受到生活的美好，心情也隨著他們的笑容而快樂起來。

　　當你需要安慰一個朋友卻不知如何開口的時候，不妨穿著橙色的衣服去見他吧！他的心情會因為你帶來的橙色而變得開朗起來。另外，橙色也是一種可以喚起食慾的顏色，與朋友一起去品嘗美食時不妨穿上橙色的衣服，它不僅會讓大家的心情變得愉悅，也能讓大家食慾大開，能夠形成很熱鬧的氛圍，讓大家盡興而歸。

　　由於橙色是一種討人喜歡的顏色，人們很喜歡接近，所以當別人遇到麻煩的時候也很願意向喜歡橙色的人求助，希望他們能夠給出合理可行的建議。橙色所具有的活力讓穿著橙色衣服的人本身思維變得活躍，行動力增強，所以

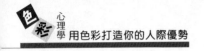

提出的建議總是能夠得到大家的認可，這些特性讓橙色的人很容易成為團隊的核心人物。

需要注意的是，橙色傳遞給別人的訊息是「我很快樂」、「我很好接近」，所以可能會有很多人圍繞在你身邊，此時一定要提高自己的分辨能力，找到真正值得深交的人，遠離那些只是想利用你解決問題的人。

重點歸納
橙色傳達的訊息

橙色傳達給外界的訊息是「我很快樂」、「我是一個隨和的人，可以和我輕鬆交往」、「我有明確的目標」，適合需要快樂氣氛的場合。橙色會帶給人帶來陽光燦爛的印象，使人感覺安心和親近，能帶給別人溫暖和信賴感。不過喜歡橙色的人一定要仔細分辨圍繞在自己周圍的人，防止被居心不良的人利用。

神祕紫，期望魅力得到認可

　　中國古代帝王家的專用色彩是黃色；在日本，紫色是專屬貴族的顏色。日本曾經制定了「冠位七色十三階」，最高位的顏色是深紫色，必須具備相應的官位才可以穿紫色服裝。

　　平安時代的日本只有皇室男性成員才可以穿，一直到江戶幕府時代，深紫色依然是百姓不能隨便使用的顏色。明治天皇統治時期，紫色開始解禁。

　　明治18年的貴族學校中最早出現了紫色的校服，從那以後日本普通人才開始放心的使用紫色。不過由於長期的心理影響，紫色在日本的百姓中還是有些避諱。不僅在日本，世界上的很多國家也都認為紫色是一種充滿神祕感的顏色。紫色會讓人認為這個人充滿創意和表現力，具有敏銳的洞察力，是個性鮮明的人。

　　紫色是由紅色和藍色混合而成，暖色與冷色相結合所產生的顏色註定是一種複雜的顏色，它代表著神祕和不穩定的情緒。把紫色穿在身上的人常常給人帶來充滿魅力的神祕感。人們會被他們的神祕所吸引，但是又會因為他們的不穩定而停下靠近他們的腳步。

　　紫色帶有一種複雜的感情，穿著紫色服裝的人大多有些自戀傾向，希望用紫色來引起他人的注意，內心強烈地渴望周圍的人能夠認可自己的魅力；而其他人無法忽略這種神祕感，但是卻缺乏上前去肯定紫色能量的勇氣。這樣的矛盾讓喜歡紫色的人認為其他的人都不理解自己，也因此與周圍的同學、同事或者朋友產生隔閡。

　　當你選擇紫色的時候，你的內心是孤傲的，希望有人能夠理解自己的獨特魅力。

　　但是紫色強大的神祕氣場讓別人不敢靠近，所以如果你希望利用紫色來引起別人的注意，最好用紫色來做焦點色，一定要控制好使用面積。否則不但無法塑造出神祕的氣場，反而會讓人感覺膚淺輕佻。

重點歸納
紫色傳達的訊息

　　紫色傳遞給外界的訊息是「請認可我的魅力」、「我與別人不同」、「我的直覺很敏銳」、「我是不是很有魅力」，適合需要引起他人注意的場合。

　　不過，使用紫色的時候一定要控制好面積，紫色最好作為裝飾色出現，否則不但無法營造神祕的氣場，而且會讓人感覺膚淺。

色彩萬花筒：
為什麼一到冬天衣服更多彩

人們穿衣服的時候，選擇的色彩通常會與自然界中的季節變化同步。萬象更新的春天，大自然的色彩比較溫和，人們傾向於選擇明快艷麗的色彩來用與大自然中欣欣向榮的景象相呼應。

炎熱的夏季，人們渴望涼爽，所以服裝以冷色和能反射陽光的淺色為主；秋季是豐收的季節，人們的服裝也趨向於飽滿柔和；冬季色彩單調，黑、白、灰是服裝最主要的色調。

不過，隨著社會的開放，人們已經開始習慣用多彩的色彩組合來對抗冬季的單調，讓自己的精神跟著服裝的色彩振奮起來，同時也可以改變自己的氣場，讓自己在別人的眼中充滿活力，而不是像冬眠的動物一樣萎靡不振。

　　讓冬季的服裝變得多彩主要有兩種方式。第一種是利用小面積的亮色來讓服裝變得出色。不管是什麼風格的衣服，都可以使用亮色的手包來調和氣氛，橘色、大紅、玫紅等暖色調則是冬季最常出現的顏色，這些顏色穿插在深色的服裝中，讓整體造型看起來熱情許多。

　　除了包包，鞋子、圍巾、帽子等配飾也是提亮整體服裝色彩的優秀道具。另外一種就是直接用多彩的顏色來營造暖冬的氣氛。駝色是人們最喜歡的顏色，這種顏色帶些溫暖的色調，已經成了繼黑白灰之後，女性衣櫥中的必備品。

　　不過，僅有駝色可不足以戰勝冬天的單調。再配上一件彩色的外套吧，那些魅力十足的過膝外套和毛呢大衣是不可或缺的冬季單品。其實，如果你活力四射，魅力十足，完全可以拋棄那些暗沉的色彩，讓自己的冬季色彩像其他季節一樣五彩繽紛。

　　不管怎麼樣，能夠在單調的冬季演繹出僅屬於自己的自信風采，你的色彩搭配就是成功的！

Part **2**

掌握搭配法則，揭祕配色印象

不變應萬變，掌握三要素配色法

　　生活中的色彩無處不在，而且種類繁多。我們有如此多的顏色可以選擇，因此在使用色彩的時候一般都會選擇多種色彩搭配使用。合理的色彩搭配能夠帶來眼前一亮的感覺，瞬間就可以抓住別人的目光，而不協調的色彩搭配則會帶來怪異的感覺，令人避之猶恐不及。

　　目前，多色搭配已經形成了一些基本的模式，掌握了這些基本配色模式，大家就可以在此基礎上加以變化，創造出屬於自己的色彩王國。最基本的配色模式是按照色彩的三要素來劃分的。

一、色相配色

　　利用色相的異同來搭配顏色的方法就是色相配色。從這個概念可以知道，色相配色模式中既有相近色相的配色，也有相反色相的配色。一般來說主要分為三類：

　　同一色相配色──就是把色相相同，但明度和彩度不同

的顏色組合起來的配色方法。以「沙拉」的製作為例。假如只做一份包括黃瓜、青花菜和芹菜的沙拉，此時盤中的色彩都屬於綠色相，但是明度和彩度各不相同，這種搭配就屬於同一色相配色。

類似色相配色——就是將色相環上相鄰的顏色組合起來的配色模式。仍以前面所做的綠色沙拉為例，如果在這份沙拉裡面加入黃色的彩椒，此時的色彩搭配模式就是類似色相配色，由於黃色與綠色在色相環上相鄰，是類似色的關係，這種搭配就是「類似色相配色」。

對比色相配色——就是將色相環上相對色相的顏色組合起來的配色模式。在綠色沙拉裡面放上紅色的西瓜，此時的搭配就是「對比色相配色」。

二、明度配色

利用明度的異同搭配顏色。明度配色模式既有明度差較大的色彩搭配模式，也有明度差較小的搭配模式。

明度差較大的色彩搭配——就是明度差別比較大的色彩搭配在一起的模式。比如用白色杯子沖泡黑色的芝麻糊，這兩種顏色對比強烈，能夠進一步突出芝麻糊的色澤，產生食慾。

明度差較小的色彩搭配——就是明度差別比較小的色彩搭配在一起的模式。如果用黑色的杯子來沖泡黑芝麻糊，此時色彩的對比並不強烈，卻可以使杯中的芝麻糊更顯醇厚。明度差較小時，不同明度的色彩搭配可以給人帶來不

同的印象。低明度色彩搭配會給人帶來穩重安靜的感覺，中明度的色彩搭配能夠展現沉穩和優雅，而高明度的色彩搭配則能夠體現明亮和柔和。

三、彩度配色

利用彩度的異同搭配顏色，既有彩度相近的顏色搭配，也有彩度差異很大的顏色搭配。彩度配色模式主要有彩度差異較大的搭配模式和彩度差異較小的配色模式。

彩度差較大的色彩搭配——就是彩度差別比較大的顏色搭配在一起的配色模式。比如大紅色的提包與灰色外衣的搭配就是「彩度差較大的配色」。在彩度比較低的顏色中小面積使用高彩度的紅色可以更突出紅色的效果，能夠讓鮮艷的色彩更鮮明。

彩度差較小的色彩搭配——就是彩度差別比較小的顏色搭配在一起的配色模式。比如大紅色的提包與粉紅色衣服搭配在一起，紅色的醒目度就會降低，這就是「彩度差較小配色」。

中國的水墨山水畫以其傳神的描繪和悠遠的意境馳名中外，透過前面的介紹，你知道中國的山水畫主要利用了哪種配色方法嗎？除了水墨畫，你還能舉出一些其他的例子來深入理解這幾種常見的配色方法嗎？

重點歸納

色彩搭配的基本模式

　　按照色彩的三要素分，色彩的基本配色模式分為色相配色、明度配色和彩度配色。色相配色包括同一色相配色、類似色相配色和對比色相配色；明度配色包括明度差較大的色相配色和明度差較小的色相配色；彩度配色包括彩度差較大的色彩搭配和彩度差較小的色彩搭配。

掌握規律，多色搭配並不難

　　色彩王國子民眾多，如果只按照色相、明度和彩度來搭配就顯得太沒有創造力了，下面就帶大家來學習一下進階版的色彩搭配規律。進階版的色彩搭配規律主要有以下兩種：

一、主色配色

　　想瞭解主色配色，首先要知道什麼是「主色」。主色就是指在多種色彩進行搭配的時候，處於支配地位或者佔有明顯優勢的顏色。主色就像是所有參與搭配的顏色的將軍，其他的顏色都要配合這位「將軍」，其他的顏色要做的是襯托這位「主色將軍」，讓主色的特徵作為共通特徵來進行配色。

　　具體來說，主色配色就是要讓所有的顏色具有一致的色相，也就是說讓所有的顏色被同一色相所支配，就像是我們小時候用彩色玻璃看世界的時候一樣，如果是紅色的玻璃，那麼整個世界都是紅色的，只是深淺不一，錯落有致；如果是綠色的玻璃，則整個世界都是綠色的。

　　潛水的時候，雖然海底的景色並不全是藍色，但看上去

卻似乎都是藍的，這就是因為海底美景中各種色彩搭配時的主色是藍色。再比如去觀賞丹霞地貌帶來的奇異景觀時，我們也會覺得整片大地都是紅色，這是因為此時的主色是紅色。

二、主色調配色

主色配色是選定某一種顏色統一整體配色，而主色調配色則是由一種特定的色調統一整體配色，這種配色方式不會限定某種顏色作為主色，只要準備搭配在一起的顏色屬於同一種色調就可以，即使顏色差別比較大也沒有關係。

同色調的顏色組合在一起同樣可以帶來一種統一的印象，這就是主色調搭配的特點之一。色調可以分為淺色調、亮色調等淺或亮的顏色以及深色調、暗色調等深或暗的顏色。即使色相差別很大，只要屬於同一色調，就可以透過一定的方法和諧地搭配在一起。

在主色調配色中，暗淡色調或者灰色調等濁色系的色調之間的搭配被稱為「基調配色」，這樣的配色可以營造出一種樸素或者保守的感覺。

在同色調不同色相配色中，暗淡色調或灰色調等濁色系的色調被單獨區分出來，叫做基調配色。這種配色可以製造出一種樸素或保守的感覺。

菜肴講究色香味俱全，幾乎每個大廚都是配色高手。從菜肴中就可以看到主色配色和主色調配色這兩種配色方式。菜肴的顏色以主料色為主色，配色只起襯托、點綴作用，

要為突出主料色服務。如「芙蓉雞片」就是以雞肉的白色為基調，此時再配一些綠色的蔬菜，一點點的綠色就可以把雞片的白色陪襯得更加突出。

菜肴的主色調搭配通常選用暖色調，這是因為暖色可以刺激食慾，還可以增加歡樂祥和的氣氛，所以菜肴多使用暖色，比如肉類和糧食的紅色和米色，調味品也可以起到調色的作用，比如醬油、辣椒、豆瓣等酌料烹製的菜多為紅色、黃色或傾向於紅色、黃色。

重點歸納

多色搭配原則

多種色彩搭配在一起的時候，主要按照以下兩個原則進行搭配。

1.主色搭配：主色是多種色彩進行搭配時，處於支配地位或占明顯優勢的顏色。主色配色就是要讓所有的顏色具有一致的色相傾向，也就是說讓所有的顏色被同一色相所支配。

2.主色調搭配：由一種特定色調統一整體配色，這種配色方式不限定主色，只要搭配在一起的顏色屬於同一種色調就可以。同一種色調的顏色組合在一起可以帶來統一的印象，這是主色調搭配的特點之一。

變身配色達人，馬上能用的配色技巧

　　顏色搭配有很多技巧，每一種搭配方法所呈現出來的效果也不一樣。下面來介紹幾種簡單易掌握的配色技巧，讓你馬上變身配色達人！

一、漸變配色

　　漸變配色是一種可以輕鬆應用於生活的配色方法。所謂「漸變配色」，也就是利用色彩的三要素——色相、明度和彩度進行規則性排列的一種配色方法。色立體上相鄰的色彩進行搭配，可以使色彩的過渡協調一些，給人帶來安定舒適的感覺。

　　按照色彩的三要素，漸變配色可以分為「色相漸變」、「明度漸變」和「彩度漸變」。

　　比如，類似紅－橙－黃－綠－青－藍－紫的彩虹色排列就是「色相漸變」；在黑色和白色之間灰色就是「明度漸變」；如果在紅色中加入明度相同的灰色，就是「彩度漸變」。

二、分離配色

顏色相近的色彩搭配不容易給人留下清晰的印象，而完全相反的顏色搭配組合則可能會由於對比過於強烈而有些刺眼。這時候如果加入一種可以起到調和作用的中間色調作為過渡，這時候的色彩對比會更加清晰，效果也更加緊湊，這種配色方法就是「分離配色」。

通常情況下，為了使對比比較強烈的色彩搭配效果更加緊湊，可以選用無彩色來進行分離；一些接近無彩色的顏色，比如金色或者銀色也是很好的選擇。這種作用可以使對比強烈的顏色得到突出或者弱化，從而達到良好的調和效果。法國國旗的配色就是分離配色的優秀範例。

法國國旗是由藍、紅、白三種顏色組成的，藍色和紅色對比強烈，如果二者緊緊相連，就會由於對比強烈而顯得刺眼，所以在這兩種顏色之間加入了白色，使整個國旗的色彩搭配顯得協調緊湊。

三、重點配色

除了上面的兩種配色方法，還有另外一種配色方法是小面積的使用重點色彩，使得整體的色彩印象向這個色彩收縮，這種配色方法叫做「重點配色」。

這種重點配色的方法經常被用於看板和標誌牌的製作，透過明度和彩度的差別組合可以重點突出某種效果，讓廣告和標誌能夠抓住別人的目光，給人留下色彩清晰的深刻印象。

如果把這種方法應用於衣著搭配的話，一定要注意把鮮艷的重點色控制在適當的範圍和程度之內，只有這樣才能使整體氣質得到完美體現。如果控制不好，重點配色很容易給人留下浮躁、令人厭煩的印象。

重點歸納

簡單易學的配色技巧

1.**漸變配色**：按照色彩的三要素進行規則性排列的一種配色方法，這種配色方式可以使色彩的過渡協調一些，給人帶來安定舒適的感覺。

2.**分離配色**：相近顏色的搭配不會給人留下清晰印象，而對比強烈的顏色則會帶來刺眼的感覺。兩種對比強烈的顏色之間加入一種中間色過渡，會讓色彩對比更清晰。

3.**重點配色**：重點配色就是小面積的使用重點色彩，使整體印象向這個色彩收縮。重點配色方法常被用於看板和標誌牌的製作。

白色的配色印象：
尖銳、清爽、浪漫

在很多國家的文化中，白色都被視為一種崇高、神聖的顏色，總是受到人們的特別尊敬，有些國家和地區，甚至會對白色產生一種敬畏的感情。

在色彩的世界中，白色具有如下性質：白色是光反射率最高的顏色；白色是使物體看起來最輕的顏色；白色屬於膨脹色。同時，白色還能影響人的內分泌系統，促進內分泌，使皮膚變好，讓人顯得更加年輕、漂亮。

當白色單獨使用的時候，白色常常會使人聯想到冰雪、白雲、棉花等事物，給人一種光明、質樸、雅致、純真、恬靜、整潔的感覺。不過，如果不加控制的使用白色，它也會產生負面效果，會給人留下孤獨、冰冷等不好的印象。

為了更好的發揮白色帶來的正面效應，它通常與其他的顏色一起「出場表演」。作為無彩色，白色可以說是一種萬能色，幾乎可以與任何顏色搭配在一起。不過，雖然它可以與任何顏色搭配，但是與不同的顏色搭配在一起，它

會產生不同的心理效應。

當白色與其他的無彩色搭配在一起，比如黑色或者灰色，這時候兩者之間會形成鮮明的對比，製造出一種尖銳的感覺。當白色與冷色調的藍色搭配在一起，就會加強藍色的清澈感，同時還會增強藍色的清爽感覺；如果在這樣的配色中，再加上一些綠色，就會使整體變得動感十足，充滿朝氣和活力。

如果白色和溫柔的粉色搭配在一起，這時候粉色就會顯得更加溫柔，營造出一種浪漫夢幻的感覺；如果再加上稍顯活潑的淡綠色，此時整個配色就會讓人感覺輕鬆，充滿快樂，非常適合溫柔又樂觀的女孩子。

在服裝設計領域，不管潮流如何改變，白色始終是設計大師們的「心頭好」。因為白色與任何色彩搭配都能營造出不同的心理印象，而且白色形成的條紋、斑點、格子等圖案都極富現代感，可以與其他各種鮮艷的色彩組合在一起，起到引人注目的效果。

在商業設計領域，白色則代表著科技和高級。但是純白色會給人帶來冷峻的感覺，所以在商業設計領域，白色通常會產生一些其他的色彩，如象牙白、米白或者乳白等。這些不同類型的白色在其他的設計領域也同樣受歡迎。

白色在中國傳統文化中也有獨特的意義。在中國，它基本上是一個禁忌詞。傳說中主管西方的靈獸是白虎，主肅殺之秋，古代常常在秋季處死犯人，因而白色是枯竭、無

血色、無生命的表現，象徵死亡和凶兆。在中國，有人去世之後，舉行葬禮叫做辦「白事」，要設白色靈堂，出殯時要打白幡等等。在西方文化中，白色的象徵意義與東方完全不同，

　　西方人主要著眼於其本身的色彩，比如新下的雪、新鮮的牛奶以及百合花的顏色。因為這些現實的事物，在西方人的眼中，白色象徵著高雅純潔、純潔無瑕、正直誠實，是西方人喜歡和崇尚的顏色。

重點歸納

白色的配色印象

　　白色是一種無彩色，幾乎可以和其他任何顏色搭配在一起。白色與其他的無彩色搭配在一起的時候，會形成尖銳的印象；當白色與冷色搭配在一起，比如藍色，能夠加強冷色的清爽感；當白色與暖色搭配在一起的時候，能夠營造出一種浪漫夢幻的感覺。

黑色的配色印象：
簡潔、厚重、大膽

與白色相反，黑色是一種不反射任何可見光進入眼睛而形成的色彩，這種顏色是一種包容性很強的顏色，它能夠搭配、襯托出任何一種顏色。黑色永遠也不會過時，是除了白色之外的另外一種「保險色」。

黑色不反射任何光，是吸光性最強的顏色；同時能夠使物體看起來最重；黑色是一種收縮色，具有最好的收縮效果。在心理效果方面，黑色可以給別人一種成熟穩重的感覺，如果搭配得當，還能夠產生一種打動人心的心理效果；當然，如果使用不當，黑色會帶來很強烈的壓抑感，給人帶來壓力。

黑色和白色是極端對立的色，但是有時候我們又能夠清楚地感受到黑白兩色之間有著某種共性，比如這兩種顏色都可以表達對死亡的恐懼和悲哀，都能夠產生虛幻和無限的精神。同時，黑色和白色又總是以對方的存在來彰顯自己的力量，它們似乎是整個色彩世界中不可超越的王者。

　　當黑色單獨使用的時候，它能夠帶來的正面印象是高雅、神祕、權力和力量，除此之外，黑色也會帶來大量的負面印象，比如暗淡、強勢以及尖銳等等，這種顏色也很讓人容易聯想到悲哀、死亡和罪惡。

　　不論是在服裝設計，還是其他的設計領域，黑色幾乎是所有顏色的好搭檔。它可以讓其他的顏色看起來更亮，即使是暗色系的顏色很有效。

　　在中國的傳統文化中，黑色被視為不吉利的顏色，因此普通人家在家居裝修設計中總是儘量避免大面積的使用黑色。不過隨著時代發展，年輕人的接受度越來越高，對代表著時尚和前衛的黑色推崇備至。

　　伴隨著從時裝界吹來的時尚風潮，一些前衛的時尚人士試著在裝修中採用大面積的局部黑色塊來營造一種鮮明、具有視覺衝擊力的另類家庭氛圍，以此來彰顯自己與眾不同的品味和個性。

　　總體來說，當黑色與無彩色搭配在一起的時候，由於強烈的對比，黑色的尖銳感會進一步增強；如果黑色與金色或者銀色搭配在一起，黑色會產生一種摩登的感覺。黑色與無彩色的簡單搭配，也可以產生簡潔整齊的效果。

　　如果黑色與濃綠色組合在一起，黑色就會從沉重的色彩搖身變為理性的化身，可以製造出一種厚重的感覺；在這個組合的基礎上加上紅棕色，整個組合會讓人感到古典和莊嚴。當黑色與紅色這樣的暖色搭配的時候，暖色的效果

可以透過對比得到加強，整個色彩搭配呈現出一種大膽、熱烈的感覺；如果改變紅色的面積，讓紅色成為黑色的點綴，此時大膽熱烈的感覺就會消失，轉而給人以華麗的感覺。黃色在黑色背景上真的很突出，但是淺藍色與黑色的搭配則會傳遞出一種保守的味道。

重點歸納

黑色的配色印象

黑色是一種包容性很強的無彩色，能夠與任何顏色搭配。它與其他的顏色搭配在一起的時候，可以其他襯托其他顏色的作用，讓其他的顏色看起來更亮。當它與濃重的顏色搭配在一起的時候，穩重感會得到加強；當它與暖色搭配時，整個搭配會呈現出一種大膽熱烈的感覺；當它與活潑的顏色搭配時，會讓這種顏色看起來保守。

紅色的配色印象：
激烈、快樂、優雅

　　紅色，是可見光中波長最長的顏色，波長範圍大概在630~750nm之間，它是一種類似於新鮮血液的顏色，是色彩三原色之一。

　　紅色是生命、活力、熱情、歡樂、健康的象徵。由於紅色在可見光譜中波長最長，所以最醒目，能夠在視覺上產生一種迫近感和擴張感，容易引發興奮、激動、緊張的情緒。

　　紅色這種色彩感情強烈外露，飽含著力量和衝動，代表著積極向上的心態，被活潑好動的人所喜愛。

　　紅色作為一種單色使用的時候，總是能讓人聯想起火、太陽等熾熱的東西，所以會讓人產生熱情、興奮的感覺，是一種富有能量的顏色。

　　當紅色與其他的顏色搭配起來的時候，它可以產生很多不同的效果。極具能量的紅色和極具能量的黑色的搭配對比強烈，看上去大膽激烈，黑色可以進一步突出紅色的強大，整體的配色感覺是擁有一種無敵的力量。

而如此富有力量的紅色與溫柔的粉紅色搭配的時候，帶來則是完全不同的溫柔感覺，凸顯出女性的特質；如果再搭配一些類似薰衣草的暗紫色，還同時能夠顯現出女性的優雅。

不過，採用紅色來凸顯女性特質的時候一定要注意紅色的使用面積，如果面積過大的話就會顯得非常強勢。紅色與黃色或者橙色組合起來能夠營造出一種活潑快樂的氣氛，所以兒童的玩具中紅、黃的搭配非常常見；如果在紅黃的搭配中加入藍色，此時整個配色顯得熱鬧歡快，是一種很適合節日氣氛的配色方案。

在服裝搭配中，無論男女老少，紅色都可以帶來青春、熱情、積極的感覺。紅色是服裝中的「常客」，女性和兒童的服裝尤為多見。年輕的女性如果身穿大紅外套，內著煙灰色襯衣，領口繫一條細細的紅色飾帶，這樣的裝扮在熱情中透露著幾分含蓄，顯得自然別致。

如果選用寬鬆的暖灰色上衣與紅色長裙搭配，或者黑衣白裙外面配上紅色短外套等，會顯得端莊柔和、輕鬆明快。不過需要注意的是，紅色屬於膨脹色，如果身體比較胖或者強壯，最好避免大面積穿戴紅色服裝。

重點歸納

紅色的配色印象

　　紅色象徵著生命、活力、熱情和歡樂，被活潑好動的人所喜愛。當紅色與黑色搭配在一起時，兩者彼此突出，看上去擁有無盡的力量；少量紅色與淡淡的暖色搭配在一起可以顯現女性溫柔的特質；如果紅色面積使用過大，會造成一種強勢的感覺；紅色與象徵歡樂的顏色，如黃色、橙色等搭配在一起能夠營造出一種節日的歡樂氣氛。

黃色的配色印象： 強烈、可愛、休閒

黃色位於可見光光譜中的中波長部分，類似熟檸檬或向日葵的顏色，波長範圍大約在570~590nm之間，位於橙色和綠色之間。紅、綠色光混合可以產生黃色光，光譜位於綠色和橙色之間。

像紅色一樣，黃色也屬於暖色。它的波長適中，是所有色相中發光能力最強的顏色，具有最強的視認性，人在很遠的地方就可以看到。

黃色象徵著陽光、春天，被認為是一種快樂、輝煌、充滿希望和活力的色彩。遇到難題的時候，黃色還可以帶來解決問題的動力。黃色甚至可以改善身體狀況，它有促進消化的作用，還可以緩解胃炎、便祕等症狀。

雖然黃色優點多多，但它卻是一種難以應付的顏色。為什麼說它難以應付呢？這是因為黃色是一種非常明亮的顏色，這種情況下稍微添加別的顏色黃色就會失去本來的面貌。同樣由於過於明亮，使用不當的話，黃色還會給人帶

來輕薄、冷淡的負面感受。

　　但是如果數量掌握了配色技巧，高亮度和高可見性也可以讓黃色的配色充滿變化。設計行業中，黃色經常作為暗色調的配色，這是因為在一個暗色調的設計中，黃色可以起到畫龍點睛的作用，讓整個設計瞬間被點亮。

　　黃色與黑色組合在一起的時候，反差強烈，視覺衝擊力強，是非常引人注目的顏色搭配，具有很高的視認性，適合做提示危險的標識；如果在黑色和黃色的搭配中加入紅色，強烈的對比會給人留下更加深刻的印象。

　　如果黃色與粉嫩的粉色搭配起來，黃色會受到粉色的影響而顯得可愛，帶來甜蜜的心理感覺。黃色與橙色搭配在一起的時候，由於兩種顏色都帶有陽光的感覺，因此會讓人感覺心情愉快，內心充滿快樂；在這個基礎上加上綠色，這樣的色彩組合會給人帶來悠閒的感覺。

　　黃色與藍色也是十分流行的色彩組合，明亮的黃色可以喚醒低調的藍色，從而創建出一種高對比的美感。與藍色一樣，紫色與黃色也是一個高對比的組合，這種組合目前也走在時尚潮流的前端。

重點歸納

黃色的配色印象

　　黃色屬於暖色，象徵著陽光、春天，是一種快樂、充滿活力的色彩。高亮度和高可見性讓黃色的配色充滿變化，它經常在作為暗色調設計的配色，起到畫龍點睛的作用。

　　黃色與冷色搭配在一起能夠帶來悠閒的感覺；它與淡淡的暖色搭配在一起能夠營造出甜蜜可愛感，而與同樣代表快樂的橙色搭配在一起能起到加強作用，讓整個設計充滿陽光感。

綠色的配色印象：
酷、悠閒、舒暢

　　綠色是十分常見的一種顏色，與大自然中的植物緊密相關。綠色的種類也有很多，草綠、蘋果綠、森林綠、葉綠色、橄欖綠、淡綠色、松綠色、苔綠色等，聽到這些名字，你就能想像到，綠色似乎無處不在，幾乎包圍了我們的生活。可見光譜中的綠色是一種比剛剛萌芽的嫩草顏色深些的顏色，在光譜中介於黃色與藍色之間。綠色屬於中波長的顏色，波長大約在500~570nm之間，是色光三原色之一。

　　綠色和藍色都是有助於睡眠的顏色，不過二者的助眠原理不同。藍色是透過掃除身體的疲憊來幫助睡眠，而綠色則是透過放鬆緊張的神經，緩解壓抑的情緒來幫助人們進入夢鄉。

　　由於綠色屬於中波長的顏色，因此不會對眼睛產生強烈的刺激，是一種公認的可以緩解視疲勞的顏色。除此之外，綠色還能給人帶來和平、自然、協調、平等等印象。

　　作為一種單色，綠色可以給人帶來寧靜安詳的感覺，也

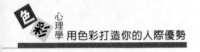
會讓人聯想到自然界中的森林和草地，讓心靈得到放鬆和休息。

由於綠色處於色譜的中間位置，因此它是一個非常靈活的色彩，當它處於黃綠色端的時候會看起來很溫暖，處於藍色和綠色方向的時候它又顯得有些冷。

對於綠色這樣一個靈活的色彩來說，與不同的色彩搭配，它能夠創造出很多不同的色彩印象。比如，綠色與優雅的淺灰色相遇時，會讓人感覺這種色彩搭配很酷，同時也給人帶來一種疏離感；如果在這樣的色彩搭配中加入藍色，除了酷酷的感覺，還能夠創造出一種都市的時尚感。但是，當綠色與橙色相遇的時候，它一改冷峻的形象，瞬間化身為快樂天使，帶來一種悠閒的感覺；如果在其中加入象徵快樂的黃色，整體的搭配會散發出一種無憂無慮、開心快樂的氣息，給人樂觀向上的力量。

白色原本就給人一種清新自然的感覺，如果能夠與綠色搭配在一起，那麼整體會顯得清爽新鮮，喜歡小清新風格的人千萬不要錯過這樣的色彩搭配。

在綠白的搭配中加入明亮的黃色之後，黃色會減弱原本的新鮮感，但是黃色的膨脹特性卻給整體配色帶來了開放的感覺，這種搭配能夠讓人心胸開闊、心情舒暢。

重點歸納

綠色的配色印象

綠色介於黃色和藍色之間，屬於中波長的顏色，能夠給人帶來安詳的感覺，讓心靈得到休息。

由於綠色是中波長的顏色，所以和各種色彩都能搭配出不同的感覺。當綠色與灰色搭配的時候會形成一種脫離人群的酷帥感覺；綠色與白色會給人帶來清新自然的感覺；綠色與暖色搭配在一起能打造出快樂悠閒的感覺，而與冷色搭配在一起之後會加重冷色的冷峻感覺。

藍色的配色印象：
都市感、涼爽、活力

　　與綠色一樣，藍色也是一種與大自然緊密相連的顏色，這可能是因為天空和海洋的顏色都是藍色的，所以人們對藍色的定位同樣是自然清新。藍色位於可見光譜中短波長端，位於紫色之前，波長大約在450～500nm之間。藍色屬於色光三原色之一，是其中波長最短的原色。

　　藍色屬於冷色，同時藍色還是冷色之最，號稱「最冷的顏色」；藍色是一種收縮色，如果又想看起來纖細，又不想和其他人一樣選擇黑色，不妨試試藍色。

　　除了本身所具有的性質，藍色還能夠引起大量心理效應。藍色可以減緩人的血液循環，使血壓下降。在血液循環減緩的情況下，藍色可以穩定人的情緒，此時人們也會變得更加理智；可以讓人集中注意力，能夠有效提高工作效率。藍色對我們的身體健康大有裨益，除了可以幫助失眠的人安然入睡，在抑制食慾方面也有著神奇的作用。

　　藍色十分純淨，通常會讓人聯想到海洋、天空或者宇

宙。純淨的藍色可以表現出美麗、冷靜、理智與廣闊。藍色具有理智準確的意象，因此很受科技產業和企業的青睞，他們很喜歡用藍色來顯示公司或產品的可靠和穩重。在文學作品中，藍色也經常會作為一種憂鬱的意象出現，這是受西方文化影響的結果。

藍色是一種高貴的顏色，甚至歐洲的貴族都用藍色來稱呼自己的血統。傳說在中世紀的時候，歐洲貴族總是用銀質的器皿用餐，他們的皮膚因此吸收了很多銀質而呈現微微的淡藍色，而這種藍色最終成了貴族的標誌。

不過，這只是一個傳說而已。事實是在古代的西班牙有一個叫做卡斯提爾的王國，王室成員來自一個很古老的家族，他們認為自己的血統從沒有被摩爾人、猶太人等異族血統「擾亂」過，證據就是他們白皙皮膚上凸顯的微微發藍的靜脈血管。

其他的王室紛紛效仿，最終「藍色血統」成為歐洲貴族的代名詞。不過，他們的血管顏色和其他的種族並沒有區別。也許是長時間的養尊處優讓這些貴族的皮膚異常白淨，而血管透過白色的皮膚後呈現藍色。而那時候提取藍色的成本也非常高，也只有貴族才能用得起。就這樣，藍色變成了一種代表著高貴的顏色。

單獨使用的時候，藍色會產生如下色彩印象：理性、知性、氣質高雅、潔淨、誠意等；當然，由於冷色調的特性，它也會讓人覺得冰冷，甚至冷酷。而當藍色與其他的顏色

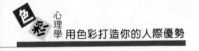

搭配在一起的時候，由於彼此性質的相似或者衝突，它們之間會創造出完全不同於單色的色彩感受。

藍色與黑色的組合對比比較強烈，能夠製造出一種幹練的都市感。藍色與白色相結合的時候則會帶來青春、機敏的感受；如果在此基礎上加上綠色，則會打造出一種酷帥的感覺。藍色屬於冷色，當它與同一色系的天藍色組合的時候，這種清新涼爽的感覺會進一步加強，很適合天氣炎熱的時候選用。

藍色與紅色相結合，穩重的藍色會被熱情的紅色點燃，能夠打造出動感十足的感覺；如果在此基礎上加上熱情的橙色，整體搭配會充滿活力，讓人感覺激情四溢。

重點歸納

藍色的配色印象

藍色被稱為「最冷的顏色」，能夠引起大量的心理效應。它單獨使用時，能夠帶來理性、知性、高貴的感覺，當它與其他顏色搭配在一起時，由於性質的相似或衝突，能夠創造出多種不同的配色印象。

它與黑色搭配形成幹練的感覺，與白色搭配則充滿朝氣。藍色屬於冷色，當它與冷色搭配的時候會加強清爽的感覺，適合炎熱的夏季；當它與暖色搭配時，自身的冷色調會被中和，能夠形成活力四射、激情洋溢的配色印象。

色彩萬花筒：
世界各地的彩虹竟然不一樣？

　　在我們的印象中，彩虹都是七種顏色組成的，這七種顏色分別是「紅－橙－黃－綠－青－藍－紫」。不過，如果你在英國和美國說彩虹有七種顏色，人們一定會用看怪物一樣的眼光來看你，因為在他們的觀念中，彩虹只有六種顏色。在他們的意識中，彩虹中沒有藍色。而德國人和法國人則認為彩虹只有五種顏色，甚至有的國家和地區認為他們的彩虹只有四色或者三色。

　　世界各地的彩虹為什麼不一樣呢？三色的彩虹是什麼樣的呢？其實，世界各地的人看到的彩虹並沒有區別，而是教育的差別造成了人們對色彩不同的認識。

　　牛頓最早發現了可見光譜，並數出其中有七種顏色。從那以後，大多數人們都認為彩虹有七種顏色。事實上，彩虹

是一條連續的色彩帶，包括無數的顏色，人們是為了方便才把彩虹劃分為七種顏色而已。那些把彩虹劃分為更少顏色的國家和地區也許比我們更貪圖方便吧！

　　各地給彩虹顏色的命名雖然不一樣，但是彩虹的配色卻給各國的色彩專家帶來了同樣的靈感。很多專家都以彩虹顏色為原型設計了，比如服裝、飾品等等。即使只是從彩虹上截取一小段配色，就可以創造出非常精美的造型，把彩虹色彩全部搬來同樣會給人帶來不一樣的感覺。

Part ❸

衝緊正能量，
從色彩開始

色彩的正能量和負能量

　　紅色能夠讓人興奮，粉紅色讓人感覺溫柔，而白色則會激發人的想法，色彩為什麼會對人產生不同的影響呢？其實，色彩的真面目和電視、收音機的電磁波類似，它同樣屬於一種電磁波，因而具有電磁波的能量。

　　色彩的不同源於波長的不同，當顏色振動的光波照射到人體上時，會使人體肌肉產生緊張或鬆弛的感覺，這一點是色彩心理學研究的基礎，在色彩研究中具有深遠的意義。色彩的這種能量可以被人的眼睛、皮膚和骨頭吸收，隨後色彩的能量可以透過細胞影響全身，最終從身體、情感和精神等多個層面來全面影響人的身體和情緒。

　　我們穿衣服的時候多數會選擇自己喜歡的顏色，甚至有些人的衣櫥中全是他自己喜歡的顏色。不過，並不是所有的人都會這樣做，還有人不喜歡把自己喜歡的顏色暴露在公眾面前，總是穿著另外一種顏色衣服出現。不過，你知道嗎？你選中的這些顏色都會反作用於我們自己。如果選擇了對改善我們的性格和心情有好處的顏色，那麼我們就吸取了色彩的正能量；如果選中的顏色對於改善性格沒有

好處，甚至加重我們的性格弱點，那麼這種色彩對我們來說就是負能量。

比如當我們無精打采的時候，穿上紅色的衣服可以讓人精神振奮；當我們想做一件事情的時候，紅色可以鼓勵我們開始行動。此時，紅色就是給我們帶來了正能量。當我們處於非常疲勞的狀態時，穿上紅衣服會讓我們內心變得煩躁，心理會覺得更加疲勞。灰色不是富有活力的色彩，魯莽的人穿上灰色的衣服在做決定的時候會變得謹慎一些，原本就過於謹慎的人則應該儘量避免接觸灰色，因為這會讓他們做事前怕狼後怕虎，猶豫不決，容易喪失良機。

目前美國很流行的色彩療法就是利用色彩的能量來治療心理疾病，改善病人的情緒或者心態。色彩治療目前在歐美已經發展出了完整的體系。在治療過程中，色彩治療師首先會對病人的健康情況和生活方式做詳細的詢問，隨後他會給治療對象展示各色絲巾，讓病人選出自己最喜歡的四種顏色。隨後治療師就根據這些色彩展開治療，透過把不同顏色的燈光打到患者身上的不同部位來治療心理疾病。

由於不同的色彩具有不同的能量，也能帶來不同的心理感受，所以我們可以根據自己的情況來選擇色彩，利用其中的能量來完善自己的個性。不過，凡事都有限度，過度接觸某種色彩能量也會給我們的身心帶來負面影響。

重點歸納

正負色彩能量

　　色彩屬於一種電磁波，具有電磁波的能量。由於波長不同，電磁波振動時會使人體肌肉緊張或鬆弛，這就是色彩的能量，也是色彩心理學的基礎。色彩的能量被人體細胞吸收之後可以從身體、情感和精神等多個層面來全面影響人的身心。

　　如果某種顏色對於改善性格和改變心情有好處，我們就吸收了色彩的正能量；如果這種顏色加重了我們的性格弱點，那麼這種色彩對我們來說就是負能量。總之，我們要根據自己的情況來選擇色彩，利用這種獨特的能量完善自己。

靜心獨處，用黑色把壓力擋在門外

現代社會，隨著競爭越發激烈，人們的生活節奏越來越快，壓力也隨之增加。如今日漸興起的旅遊潮，也是因為壓力太大，人們尋求逃離喧囂生活的結果。不過，如果能夠善用黑色，我們完全沒有必要為了避開壓力而逃離。

黑色可以帶給人們自信的能量，鼓勵人們堅持「我就是我，別人是別人」的想法。能夠秉持這樣的觀點，我們也就不會過多的在乎外界的干擾，這樣就可以固守內心的信念，壓力也會因此減少大半。

另外，黑色會在無形中讓我們對其他人的觀點持懷疑態度，經常接觸黑色的話，「相信別人」這件事就會變得困難，即使表面上做出相信的樣子，內心仍然會斷然拒絕。對任何事物都持懷疑態度並不適合社會的發展，但如果面對的壓力過大，黑色帶來的懷疑能量可以幫助我們維持內心的平穩，防止情緒產生大幅度波動而影響心理健康。

有色彩專家發現，無論男女，在遭遇失戀或者其他的打

擊時，往往會下意識的選擇黑色衣服。這是因為黑色能夠帶來容忍、不服輸和堅持不懈戰勝困難的精神。從這個角度來說，黑色也是一種堅強的顏色，它代表了「頑強者」的形象。

此外，黑色還是一種能夠帶來威嚴感的顏色，能夠表現強勢和優勢，這會令周圍的人產生畏懼感，這種畏懼感會讓那些是是非非遠離，這也有助於保持內心的平靜。

總之，當需要靜下心來，擺脫周圍的喧囂，感受內心的寧靜時，黑色是一種很好的選擇。它會讓周圍的人感到畏懼，讓他們不敢用蜚短流長來打擾你；同時黑色還給你堅持自我、超越困難的信心和勇氣，是一種能夠幫助我們減少壓力的色彩能量。

重點歸納

正負黑能量

黑色帶有威嚴的能量，能夠讓人堅持自我，不懼怕外界的流言蜚語；同時也能對其他人產生威懾力，讓人不敢輕易傷害。不過黑色雖然可以幫人們把壓力擋在門外，但是過多的使用黑色會讓力量過多的沉積在內部，影響與周圍的人接觸和交流的能力。

黑色雖然代表了很強的抗壓能力，但也有過分約束心靈的負面影響。所以，用黑色來抗壓一定要適量，儘量避免長時間的處於黑色的包圍中。

白色，新開始、新希望

當我們經歷某些事情的時候，心情會隨著事情是否令人感到愉快而發生不同的變化。遇到高興的事情，我們可能會手舞足蹈，高興得合不攏嘴；遇到悲傷的事情，則會心情低落，做事無精打采。

實際上，不管是過於興奮還是哀傷，對身體健康都是沒有好處的，我們應該及時調整情緒，開始新的征程。在眾多的色彩中，最有利於整理心情的能量就是白色能量，它能夠給我們帶來嶄新的開始。

白色屬於無彩色，能夠讓人的心情變得平靜。白色所蘊含的能量能夠讓我們注重腳踏實地的實現自己的願望，對生活中的各個方面都設定比較高的目標。有了這些目標，我們可以快速的從目前的心情波動中走出來，並對自己遇到的事情進行深入思考。最終可以快速的調整心態，重新獲得內心的平和，讓心靈能夠重生，再次投入踏實的努力中。

另外，白色這種清爽的顏色可以讓人們冷靜的分析所遇到問題的客觀原因，並認清形勢發展的需要，從而讓我們調整心態，處事理智平和。

　　當然，如果是換了新的工作，或者來到一個新的環境中，白色也是很好的「亮相色」。白色是一種清爽的顏色，會給自己帶來心理暗示，使自己的內心對聖潔的事物產生嚮往，拋棄一些醜惡的部分，這樣單純沒有心機的人是很受大家歡迎的。而這一點，可以幫助你快速的融入新的圈子。

重點歸納

正負白能量

　　白色代表著追求完美的能量，能夠讓我們對自己提出更高的要求，這樣就可以免受大悲大喜的干擾，進而獲得內心的平靜。白色有利於幫助客觀的分析周圍環境，認清發展趨勢，調整心態。不過，接觸白色能量過多，也會給人帶來負面影響，比如神經萎靡、精神不振等。

魯莽張飛變謹慎，給他 一件灰戰袍

這個世界的色彩變得越來越豐富，人們對色彩的接受度也越來越高。比如，十幾年以前，男士可以選擇的色彩很少，但是今天，只要搭配得體，男士幾乎也可以選擇任何顏色來打扮自己。即便是這樣，我們依然可以發現出席正式場合的服裝還是以各式各樣的灰色為主。灰色究竟有什麼魅力，讓人們對它無法割捨呢？

實際上，灰色具有一種抑制自我的能量，雖然看起來是一種負面的能量，但是卻可以讓人們在處理事情的時候變得更加謹慎。從這個角度來看，灰色是一種名副其實的正能量色彩。灰色似乎時刻在提醒人們不要過於強調自己的想法，要以大局為重，我們的內心就是這樣被灰色引導著，以認真努力的態度完美的完成一件事情，此時工作效率也能夠提高。

灰色能夠讓人變謹慎的另外一個原因，可能是灰色是比較中規中矩的顏色，可以避免明亮顏色造成的工作人員注意力分散，因而可以讓人變得更加謹慎認真。不過，事有

兩面，灰色能量使用過多則可能讓人變得過於慎重而陷入停滯不前的狀態中。它很難推動人們主動去做什麼事情，也不會鼓勵人們積極進取，努力開發新局面。灰色是比較有忍耐力的顏色，這會讓人們在做事的時候不會過分堅持自己的意見，總是謹慎的把可能出現的錯誤或者冒險行為消滅在萌芽時期。

但是在現在這個商業社會，要想取得大的回報，必要的時候是需要冒風險的，而灰色能量則會阻止這種商業冒險行為，有可能讓企業錯失良機。另外，從個人的角度來看，接觸灰色過多可能會過於壓抑自己的個性，變得唯唯諾諾，甚至超負荷的工作，嚴重情況下甚至可能會患上憂鬱症或者陷入焦慮的狀態之中。灰色比較適合那些平時性格火爆魯莽的人，如果本身已經具有謹慎仔細的個性，那麼接觸灰色的量一定要適度。也許當年暴躁的張飛做穿針這種需要耐心和謹慎的事情時，穿的正是一件灰色戰袍。

重點歸納

正負灰能量

灰色具有抑制和壓抑的能量，這能讓大家謹慎的處理事物。它時刻提醒我們要以大局為重，在這種心理暗示下，人們會以認真的態度去完成每一件事，工作效率也因此而提高。不過，灰色也有負面影響。它能夠抑制人的個性，長此以往，人們可能會因此失去自己的獨立性。

紅色助力器，讓你熱血沸騰

　　紅色能夠讓人聯想到太陽、火焰以及鮮紅的血液，會讓人感受到旺盛而強韌的生命力。尤其是烈焰般的紅色，更能讓人產生熱情奔放、感情豐富的印象。紅色象徵著活力、意志力、力量等，它能夠提供動力，讓我們及時把想法轉變為行動。

　　紅色具有助力的能量，不僅體現在能夠刺激情緒，而且它能透過引起生理上的反應來促進行動。美國一所大學做了這樣兩組實驗：第一組實驗是讓30名學生在看到紅色或者灰色蠟筆寫成的代表自己的號碼之後舉起金屬夾；第二組實驗是讓46名學生在看到電腦螢幕出現紅色、藍色或灰色背景的「壓」時，用力緊握把手。結果顯示：紅色能夠顯著提高人的肌肉反應速度和力量。

　　紅色可以提高行動能力。有了一個絕妙的想法之後，如果缺乏著手去做的動力和勇氣，你就可以多接觸一些紅色，它會刺激人們產生快點完成任務的想法。紅色會給人無窮的信心，讓我們感到自己是無敵的。

　　紅色也可以提高思維的敏捷度，讓我們精力更加充沛。

科學研究顯示，即使沒有受過很好教育的人，在紅色的刺激下也有可能快速的給出問題的答案。紅色具有讓人樂觀向上的能量，它可以讓人一想到自己可能達到的目標，就熱血沸騰。經常接觸紅色的人即使很累，只要稍事休息，就可以馬上恢復狀態。

另外，當你在實現夢想的過程中遭遇困難，想打退堂鼓的時候，不妨多多利用紅色的能量去戰勝困難，因為紅色具有激勵大家繼續前進的能量。

不過，紅色所包含的動力裡面既有積極因素，也有消極因素。也就是說當你對誰產生不滿或者心懷仇恨的時候，在紅色的刺激下極有可能會出現某些激動的行為。

重點歸納

正負紅能量

當我們產生一個絕妙的想法，卻缺乏動力和信心的時候，紅色能夠刺激我們產生動力，並給我們帶來無窮的信心。在面對問題的時候，紅色能量可以讓思維更加敏捷，從而快速想出應對方法。

但是，紅色也能助長負面情緒，讓原本心懷不滿的人更容易發火，並責難周圍的人。另外，紅色所激發出的動力和熱情持久性卻很差，也就說常說的「三分鐘熱度」。

粉色大改造，暴躁變溫柔

　　粉色一向被認為是女性的顏色，而女性的特質正是溫柔善良，因此粉色也就成了溫柔平和的代名詞。如果一個人脾氣很暴躁，那麼可以試試利用粉色的所具有的溫柔能量來讓自己變得柔和。

　　我們有這樣的感覺，如果一個人總是包裹在黑色裡面，那麼周圍的人常常會覺得這個人太過強勢，不敢輕易靠近；但是如果他換了一件粉色的衣服，周圍人就會感覺他不像以前那麼嚴厲，而他自身的確會變得更加溫柔，不再像平時那樣雷厲風行。

　　引起這種改變的原因就是粉紅色中所蘊含的正能量在起作用。人們潛意識中認為粉紅色是一種溫柔的顏色，當人處於粉紅色的環境中，或者穿著粉紅色的衣服時，他會下意識的放慢自己的行動速度，待人說話也變得客氣，做事情的時候能夠把他人放在心裡。做任何決定之前，都會把別人的想法納入考量範圍中。

　　粉色還具有減緩速度的能量，可以讓人放慢節奏。不管是在心理上還是生理上，粉色都能令人們產生放鬆的感覺。

有科學家的研究顯示，如果讓一個發怒的人盯著粉紅色看，他的情緒會很快冷靜下來，這是因為粉紅色可以降低發怒的人的腎上腺激素量，進而促使人的情緒趨向穩定。

另外，粉色還可以使緊張的肌肉變得鬆弛。因此，經常接觸粉色的環境，或者經常穿著粉色衣服，可以有效的緩解精神壓力，促進我們的身心健康。

不過，粉色能量過多也會給我們帶來負面影響，因為粉色不僅影響人的心理，讓人喜歡照顧別人，同時它也會讓人對別人產生期待，希望自己也能得到同樣的對待。這會在無形中增加人的依賴性，長此以往，人的獨立性就會消失殆盡。另外，大量的粉紅色會讓人變得過於敏感，因而容易暴躁，發生口角。

重點歸納

正負粉能量

粉色是一種溫柔的顏色，長期接觸粉色能量，對別人的態度會不自覺變得溫和，考慮問題的時候也會更多的想到別人。粉色可以使緊張的肌肉變鬆弛，經常接觸粉色環境，或者經常穿粉色衣服，可以有效的緩解精神和身體上的壓力。

但是當接觸粉色過多的時候，我們則會對別人產生依賴，失去獨立性。另外，大量的粉色也會讓人變得敏感，容易引發口角。

藍色，創意者的靈感之源

　　藍色是一種靈性、知性兼具的色彩。色彩學家所做的色彩心理學測試發現幾乎沒有人對藍色感到厭惡。

　　明亮的天藍色，代表著希望、理想和獨立；深沉的藍色，則代表著誠實、信賴和權威；寶藍色象徵著熱情中的堅定；淡淡的藍色可以讓自己放鬆，也能讓對方感覺輕鬆。

　　如果有機會接觸設計師，你可能會經常會聽到他們說：「這個作品是我靈機一動想到的……」這個「靈機」實際上就是創意，這句話也告訴大家創意經常來自偶然，但是它也不是隨時會出現的，靈感總是會在人們處於放鬆狀態的時候出現。

　　相信大家都有這樣的經驗，在工作或者學習中遇到難題的時候，不妨先放一邊，先解決其他的事情，或者乾脆忘掉工作去放鬆一下，而在這種極度放鬆的情況下，我們經常突然獲得題目的答案。這也直接證明了靈感與放鬆的關係。

　　但是現實生活中的麻煩事總是很多，工作、學習、人際關係、愛情……日常生活中的我們總是會面臨各式各樣的問題。有些可以輕鬆的解決，還有一些則會讓我們無所適

從。在高壓社會中，如果想要獲得靈感，必須找到能讓心靈迅速平靜下來的顏色。

藍色是讓內心平靜下來的最佳顏色。它屬於冷色，看到它的時候，我們的心跳會變慢，血壓也會降低，生理上的平穩使得心情變得平和，這樣放鬆的狀態是最適合思考問題，尋找創造性的解決方式。

除了藍色之外，綠色、藍綠色也有同樣的效果。總之，只要能夠起到鎮靜作用，讓心靈放鬆的顏色都可以成為創意者的靈感之源。

重點歸納

正負藍能量

藍色能量能夠給人來心理上的平靜，引導人放鬆心靈，也是激發創意的顏色；但是如果藍色能量使用過多，人就會變得過於理性，遇事愛鑽牛角尖，所以使用藍色能量要適量。也可以和比較感性的紅色、黃色、橙色搭配在一起來讓我們的性格得到平衡。

黃色，給你自信的顏色

　　在歐洲，藍色被視為高貴的顏色；在中國，黃色則代表著皇族。這是因為古代中國屬於農業國家，所以有「敬土」的傳統。後期發展的五行學說中，黃色來代表「土」，五行中的「土」指的是「中央土」。

　　此後「五行學說」又與儒家大一統思想融合在一起，新的思想認為以漢族為主體的王朝是一個處於「中央土」的帝國，與周邊的「四夷」有別，這樣「黃色」就透過土與「正統」、「尊崇」聯繫到一起了。

　　這樣，黃色變成了君權的象徵，神聖不可侵犯，發展到最後黃色成為只有皇室才可以使用的顏色。直到封建王朝結束之後，中國人才可以隨意的使用黃色。

　　黃色蘊含著快樂的能量，它代表著光芒和太陽的印象，黃色能量能夠讓人變得開朗，幽默感也隨之得到提升，可以給周圍的人帶來歡樂。如果感覺自己的性格有些孤僻，黃色具有的能量可以幫助你變得開朗。經常接觸黃色的人不喜歡獨處，討厭一個人默默的做事或者做持續而單調的工作。

　　黃色具有的能量能讓人幽默樂觀，喜歡接近人群，所以

它能夠幫助一個人成為人群的焦點。成為人群中的焦點可不是一件容易的事，接受大家崇拜的目光也需要強大的自信來支撐，所以利用黃色能量變得開朗的同時，自信心也得到了提升。

另外，黃色能夠刺激人的冒險精神，激勵人們去挑戰困難。當面對困境或感到不安的時候，黃色還能夠給我們帶來戰勝困難的信心，讓我們擁有執著堅忍的精神，相信自己可以用開朗樂觀、豁達勇敢去戰勝困難。在解決難題的時候，黃色還能使人獲得解決問題的動力，這種動力會激勵我們積極行動，想辦法解決眼前的問題，而不是只有樂觀的空想。

總體來看，黃色能夠帶來積極的心態和開朗的性格，讓人不知不覺成為人群中的焦點，在這個過程中，自信心也可以得到提高。同時，黃色蘊含的能量還能給我們帶來戰勝困難的信心和動力。

重點歸納

正負黃能量

黃色具有的能量能夠給人帶來自信，讓人擁有戰勝困難的信心、勇氣和動力，黃色也能夠讓人變得幽默健談，成為人群中的焦點。由於黃色能量可以讓別人喜歡自己，所以接觸黃色過多，人的依賴性會增強，不論什麼事情都想要讓別人幫助自己解決。要想讓黃色能量更好的發揮正能量，接觸黃色一定要適量。

綠色，告別焦躁的良方

　　生活中的壓力無處不在，工作、人際關係、身體狀況、經濟問題等都能夠成為壓力的來源。壓力過大的時候我們容易陷入焦躁的狀態，心裡會感到緊張和不安定，同時身體也會表現出一系列的症狀，比如入睡困難，腸胃疼痛以及肌肉酸痛等等。當你出現這樣的狀況時，你需要借助綠色能量來協助你告別焦躁，獲得身心的平衡。

　　綠色具有像大自然一樣的神奇能量，它能夠減緩疲勞，給人帶來心靈上的平靜。如果遇到不開心的事情，心情焦躁或者不滿的時候，不妨到公園裡走一走，親近大自然中的綠色。在這樣的環境中，你的心情會頓時得到放鬆，這是讓心情恢復平靜的最快速的方法。

　　如果條件不允許，在辦公桌上放上一盆綠色的植物，也可以起到緩解作用。如果沒有綠色盆栽，平時多穿一些綠色衣服，甚至綠色的手機掛飾也能可以起到讓心情平和的作用。

　　平時工作內容單一也很容易讓心情變得煩躁，此時家裡的主色調最好選用能夠讓身心恢復冷靜狀態的綠色，綠色

的家居服或者綠色窗簾和床單都是很好的選擇。為了平息焦躁和不滿，達到放鬆目的，最值得推薦的顏色是青綠色調，它兼具藍色和綠色的特點，既能夠鎮靜心情，也能讓人感覺安穩舒適。人在這種環境中很容易放鬆下來，疲勞感和壓力也會一掃而空。

　　另外，需要做出決定的時候，大家也可以接近綠色，因為綠色平靜心緒的能量可以讓我們做出的決定更理性，最終可以選擇最佳方案。綠色還有治療頭痛的效果，對緩解視疲勞也有好處。

重點歸納

正負綠能量

　　綠色具有讓人心態平和，信念堅定的能量，可以幫助人們更好的控制自己的情緒。不過，接觸綠色過多的話會讓人行動力減弱，也會讓人不喜歡參加團體活動，害怕人多的場合，行為變得孤僻。

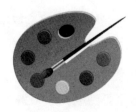

做事慢吞吞，橙色來提速

　　慢性子的人很多，這樣的人平時做事時總是需要被身邊的家人、朋友或者同事催促才能完成任務。經常生活在別人催促中的人常常會經常懷疑自己的能力，自信心難免會受到打擊。另外，做事或者做決定速度很慢的話，確實會讓自己錯失某些機會，影響自身發展。

　　如果你是一個慢性子，並且這種「慢」已經影響了你的生活節奏和事業發展，不妨試一試橙色提速法吧！橙色可以刺激生長激素的分泌，加速新陳代謝，令人心跳加快。生理上的變化可以影響到心理，人會因此變得充滿激情，行動機敏，更加積極的採取行動。

　　橙色能夠讓你變成一個活躍的人，促使你用自己的行動去贏得別人的信賴和喜愛。這種慾望變得強烈後，橙色還會催促人們積極主動與別人交談，協助組織或團體完成任務。為了得到別人的喜愛，他們還會全心全意投入自己的事業。

　　橙色還具有讓人性格開朗的能量。經常接觸橙色可以讓你更容易融入新的團體，迅速與他人建立起友好互信的關係，人脈資源可以迅速得到擴充。不過，橙色在幫助大家

快速適應新環境的同時，它也會讓我們疏於管理舊時的人脈，因此可能與別人之間的感情很難變得深厚。這就需要大家在利用橙色的活躍能量時，不要只顧著開發新資源，一直向前跑，而忘記鞏固已有的關係以及反思自己的失敗原因。

　　橙色是一種活力四射的色彩，經常接近和使用它的人行動力會得到加強，同時也能更快的融入新的團體，適應新的環境，但是由於橙色的活躍性質，經常接觸它的人也容易忽略舊有的關係。需要利用橙色能量的人要特別注意克服橙色的這一缺點。

重點歸納

正負橙能量

　　橙色是太陽的顏色，是一種充滿活力的能量。慢性子可以用橙色的能量來幫助自己積極行動，努力把自己的想法變為現實。

　　橙色能量還能幫助人們更好的適應新環境，建立新的人脈關係。橙色能量帶來的速度也會讓大家忽略曾經的關係，所以在利用橙色能量時一定要注意維護舊時關係。

紫色，讓直覺更加敏銳

　　紫色是由紅色和藍色混合而來，象徵著高貴、神祕和不穩定的情緒。紫色具有的能量可以讓人更關注自己的內心世界，變得感性而敏感。從事占卜師、諮詢師和主持人等職業的人常常需要在一瞬間憑藉感覺做出判斷和反應。一項調查對這類人最喜歡的顏色做了調查，這其中的大部分人都選擇了紫色。

　　以前的人們總是喜歡把錢放在銀行，利用儲蓄來讓自己的財富增長。隨著理財產品越來越多，人們的選擇也變得多樣，隨之興起的還有「理財師」、「投資規劃師」等新興的職業。

　　理財產品種類繁多，回報多樣，該選擇何種方式讓「錢生錢」是一件非常頭疼的事情，有些投資機會也是轉瞬即逝，因此如何在一瞬間做出正確的投資選擇就成了最重要的一件事。

　　要想找到好的理財產品，必須要冷靜的把握市場動向，同時還要有很好的直覺。如果缺乏這種直覺，機會來臨的時候就不會引起足夠重視，到手的機會就會白白溜走。

上面的調查從一個側面證明了紫色可以讓人的直覺變得更加敏銳，因此建議投資理財師多接近紫色，培養自己冷靜的直覺。另外，不同的紫色培養直覺的能力是不一樣的，色彩鮮明的紫色要比淡紫色更有效果。

當你感覺自己思維變得遲鈍的時候，也可以多接近紫色的神祕能量來提高思維的敏感度。可以穿紫色的衣服，多欣賞紫色的圖畫或者照片也可以慢慢提高自己的直覺敏感度。

如果你原本不喜歡紫色，最近突然對紫色產生了興趣，代表著你的感受力增強，直覺也變得靈敏，這時候不妨買張彩券碰碰運氣！

重點歸納

正負紫能量

紫色是一種代表著神祕的色彩，所具有的能量也帶些神祕感，它能夠提高直覺的敏感性，那些需要憑判斷和反應來做出決定的行業與紫色所蘊含的能量十分契合，比如占卜師、諮詢師、主持人等等。

不過紫色能量過多，會讓人變成自命不凡的自戀者，容易與別人產生隔閡。

色彩萬花筒：
刺客的夜行衣為什麼是黑的

　　大俠或者刺客穿著夜行衣飛簷走壁的身影經常出現在各式各樣的影視劇中，他們的夜行衣一般都是黑色的，除非是喜劇中那些呆呆傻傻的人才會穿著其他顏色的夜行衣在晚上亂跑。

　　之所以沒有彩色的夜行衣，是因為穿著夜行衣的人都是不願意被別人發現行蹤的，一般用來辦隱祕的事，比如偵查、竊取等。穿著夜行衣是為了在黑暗中隱藏自己的身形。

　　除此之外，黑色還可以帶來自信，鼓勵人們堅持想法，不受外界干擾，所以即使遇到突發情況，黑色也可以讓人的情緒保持穩定。大概黑色的這種能量很對夜行者的胃口，所以成了夜行者的專用顏色。另外黑色還能夠對外界產生威嚴感，即使有人發現也不敢輕舉妄動。

如今，幾乎沒有人在晚上偷偷摸摸的去做什麼事，所以也沒有必要穿夜行衣。相反，為了自己的安全，我們在夜晚出門的時候應該穿著鮮艷的衣服或者是帶有反光條的衣服，尤其是老人和孩子更應該如此。

曾經有一項調查顯示，行人中的老人和兒童發生交通事故的機率很高，致死率也很高。在這樣的受害者中，穿著黑色或茶色系列衣服的人很多。如果清晨、黃昏或者夜晚這樣光照條件差的環境中穿著這樣的衣服更容易出事故。

現在很多學校都會給孩子發小黃帽，這不是為了美觀，而是為了讓駕駛員在光線條件不好的情況下也能看清前面有小孩。這項措施也取得了良好的效果。

不過，對於老人，社會上還沒有這樣的幫助措施，所以老人在光線不好的時候外出最好穿上鮮艷的衣服，以此來確保自己的安全。

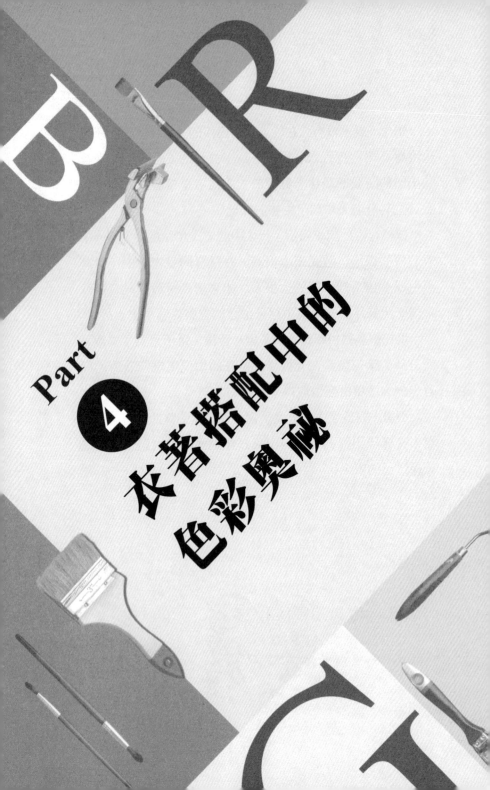

Part **4**

衣著搭配中的
色彩奧祕

沒有「求職套裝」也能找到好工作

每年的畢業生求職時節，銷售「求職套裝」的服裝店生意會異常的旺。找工作的年輕人幾乎人手一套，似乎不穿上這樣一套衣服，就找不到工作。

所謂「求職套裝」就是黑色或者灰色的西裝，搭配白色的襯衫。求職時節，校園裡的人幾乎都穿著這樣的套裝，有時候甚至連髮型和公事包都是一樣的。

在這個講究個性的時代，如果大家都以同樣的造型參加面試，就很難給面試官留下深刻的印象。但是畢業生則會擔心自己的打扮太過個性會讓面試官產生不好的印象。實際上，根據性別和行業的不同，完全可以選擇不同的衣服來展現自己的個性。

面試的時候，面試官會透過對話來瞭解你的專業和處事態度，但是服裝卻可以在無形中影響面試官對你的印象，同時服裝也可以表現你的個性。

在一模一樣的人群中，穿著合適而充滿個性特點的衣服

　　無疑會讓面試官對你好感倍增。那麼，選擇什麼樣的服裝才能既擺脫黑白灰的千篇一律，表現自己的個性，同時又能讓面試官覺得自己是很可靠的人呢？

　　對於男生來說，儘管套裝不能顯示個性，但是平時喜歡穿的T恤牛仔褲則會顯得孩子氣。這時候不妨試試深藍色的西服套裝，千萬不要穿格子或者條紋的西裝，這樣的西裝雖然個性十足，但讓人感覺不穩重。

　　襯衫可以選擇白色或者淡藍色，淡藍色尤其適合高科技行業的面試，是能夠顯示專業性的顏色。如果戴領帶的話，最好選擇一些保守的，條紋、幾何圖案都是不錯的選擇，要注意的是與西裝和襯衫的風格保持協調。黑色的皮鞋是上選，要搭配黑色的棉襪，要注意的是白色襪子和尼龍襪子是一定要避免的。

　　對於女性來說，可選的服裝很多，可以根據面試的企業和單位選擇服裝。如果是政府機關、金融機構或者外企等，一定要突出穩重端莊的形象。去這樣的地方面試，儘量不要穿淺色的衣服，最好選擇藏青色或黑色。但是襯衫不一定要選白色的，可以選擇淡淡的暖色調來幫助我們拉近與面試官的距離。

　　要注意的是，襯衫一定不要有過多的裝飾，蕾絲、雪紡等都要儘量避免。想要求職行政人員的話，一定要突出嚴謹端莊的氣質，服裝的色彩要淡雅清新，具有職業感的上衣、米色長褲和黑皮鞋是非常合適的搭配，這樣的搭配成

熟端莊又不沉悶，適合比較嚴謹的公司和職位。求職銷售職位的時候，黃色和紅色的衣服也是很好的選擇，因為黃色代表了良好的溝通能力，而紅色則是充滿活力和幹勁的顏色，很受面試者的歡迎。不過，女生應該儘量避開粉紅色，因為這種顏色會給人帶來輕浮、虛榮的印象。

其實，求職的時候沒有必要選擇求職套裝，也沒有必要把自己限定在黑、白、灰三種顏色中。只要服裝能夠展現出穩重大方、乾淨俐落的特質，這種顏色就可以進入我們的選擇範圍。

穿著有別於其他人的衣服還有助於從面試人群中脫穎而出，給面試官留下深刻印象。

重點歸納

求職裝不必千篇一律

求職時，可以不用黑、白、灰這樣的「標準色」去求職。男士可以試試深藍色的西服套裝，襯衫可以選擇淡藍色。

領帶的顏色和圖案要保守一些，顏色要與整體協調。女性求職最好不要穿淺色套裝，藏青色和黑色都是不錯的選擇，襯衫不一定要選擇白色，淡淡的暖色可以拉近和面試官的距離。

創意行業可以用「非常色」展示個性

　　人類的性格很複雜，有些人非常低調，希望低到塵埃裡，另一些人則喜歡個性張揚的生活，著裝上的限制會讓他們對工作產生厭倦感。如果你也屬於第二種情況，本身又想像力豐富，充滿創意，求職時可以試試創意行業。

　　這種行業追求的是層出不窮的創意和天馬行空的想法。需要思維發散的企業，在著裝上必然不會要求中規中矩，企業的領導甚至希望你們穿出自己的個性和時尚，應聘這類企業的時候，可以適當使用一些不常見的顏色來展現個性和創意。

　　在應聘創意行業的時候，穿著循規蹈矩的衣服反而會被忽視。面試類似創意總監等比較高的職位時，打扮得要講究一些，可以穿西服套裝，顏色可以顯得穩重一些，但是配飾可以選擇充滿個性的顏色，如領帶、手帕可以選擇紅色、亮黃色等等。

　　當然，也可以選擇扣子顏色很獨特、造型充滿設計感的

西裝，比如整體為黑色，卻搭配了紅色扣子的套裝。英國著名的樂隊Take That的主唱蓋瑞・巴洛的時尚造型就可以作為應聘創意總監的範本。他上身穿了一件帶些紫色調的褐色西裝，內搭白色襯衫、黑色領帶，下面是黑色西裝褲和黑色皮鞋，但是他卻在服裝設計和視覺上下了功夫，金色的西裝鍊和與之呼應的金色徽章展現了他的極佳品味。

如果面試的是一份普通的創意工作，偏正式的襯衫搭配牛仔褲就是不錯的選擇。這種搭配既不會讓求職者看起來怪異，也不會因為沒有創意而被判出局。此時，襯衫的質地要考究一些，顏色可以選擇不常見的淺綠色，這種顏色既可以將你從一群穿著白襯衫或者藍襯衫的人中凸顯出來，也可以舒緩緊張的心情，讓自己更加從容。

如果選擇了中規中矩的白色，精緻而富有特色的飾品則可以起到畫龍點睛的作用，比如金屬色的褲鍊、黃色的徽章等等。要注意的是，渾身的亮點不要太多，否則會給人帶來混亂的感覺。

除了在衣服上做文章，求職者也可以在鞋子上動點心思。綠松石色的運動鞋可以給人清新時尚的感覺，也會給大家留下神祕的感覺；深綠色運動鞋具有穩定平靜的能量，可以給人帶來自然的感覺。不過，面試最好避免顏色很炫的鞋子，面試官會因此覺得你不夠穩重。

對於面試創意行業的女性求職者來說，可選擇的範圍就更大了，完全可以穿著展現自己個性的日常服裝去面試。

不過，要注意的是，面試的時候衣著可以中性、可以柔美，但是千萬不要走「暴露風」，畢竟這是個嚴肅的場合。另外，女性求職者面試的時候同樣要避免淡粉紅色，這會讓你看起來像沒長大的小孩，給人幼稚、依賴他人的感覺，而面試官尋找的是能夠在工作中獨當一面的職業女性。

創意行業的職業特質決定了面試者的色彩選擇範圍更廣泛，不過過多的選擇也更容易出錯，所以面試創意行業的人最好的做法是在配飾上做文章，服裝最好還是選擇淡雅的顏色，亮粉、鮮紅、亮綠色等誇張的顏色都應該避免大面積使用。

重點歸納

創意行業面試著裝要點

面試創意行業中比較高的職位時，求職者服裝顏色可以保守一些，但是配飾顏色要充滿個性，選擇能讓自己脫穎而出的亮色。

面試普通職位時，男性求職者可以在襯衫顏色和鞋子顏色上做文章；女性求職者則可以根據自己的個性選擇日常能夠展現個性的服裝去面試，要避免暴露的服裝和粉紅色服裝。

可以展示機敏睿智的兩種顏色

琉璃的生產歷史悠久，中外聞名，有關琉璃的最早的文字記載可以追溯到唐代。琉璃，又稱「脫蠟琉璃」，是採用古代青銅脫蠟鑄造技術純手工加工製造的，需要在1000℃以上高溫的火爐上將水晶琉璃母石熔化使其自然形成高貴華麗的琉璃。琉璃的製作需要經過十多道手工工藝流程，品質晶瑩剔透、光彩奪目。

琉璃本身承載了中國博大精深的文化，而琉璃的顏色也展現著智慧和機敏。那麼琉璃色到底是什麼顏色呢？回憶一下故宮、天壇在陽光下綻放異彩的樣子，這樣你大概就能想像出琉璃的顏色了。總體來說，琉璃以黃綠色、藍綠色和藍紫色最為常見，同時由於觀看角度的不同，它還可以呈現出其他的顏色。

畢業之後開始工作、調動工作甚至跳槽都很常見，而且在人生的每一個階段中我們的思想、心態、狀況和立場都不盡相同，進入社會之後我們時刻都面臨著各種選擇、機遇和挑戰，因此也常常面臨著與以往熟悉的環境告別，在一個全新的環境中重新開始的情況。

與單純的校園生活不同，社會環境充滿了競爭，人際關係也變得十分複雜，在面對新環境的時候，人們多數會感覺到不安和焦慮。不過，轉變環境的同時也是一個塑造新形象的好機會，因為周圍的人對剛剛進入新環境的你並不瞭解，也沒有形成固定認知，此時你可以盡情地展現自己的個性和魅力。琉璃色所具有的能量能夠幫助我們展現睿智，更好地適應新環境，並受到周圍人的喜愛和信任。

琉璃色具有藍色的沉穩和知性，同時還兼具紫色的神祕和高貴，不過這種顏色可不適合用來作為服裝的主色調，最好是用在一些細節的地方作為點睛之筆，比如領帶或者絲巾的顏色。這種顏色不不僅可以讓別人感覺你能夠冷靜面對任何問題，而且也能夠在無形中給你帶來面對他人的信心。如果選用琉璃色作為服裝的主色調，未免顯得過於沉重，會給人一種難以親近的感覺。此時，如果用蒲公英色或向日葵色來做一些小的點綴，比如黃顏色的筆、打火機或者手絹等，就可以打造睿智而機敏的形象了。

重點歸納

琉璃色展現睿智的祕訣

琉璃色具有的能量可以幫我們展現睿智，更好地適應新環境，並得到周圍人的喜愛。不過這種顏色不適合作為服裝的主色調，最好是用在一些細節的地方作為點睛之筆，比如領帶或者絲巾。這種顏色不僅能夠讓別人感覺你的冷靜，也能增強自己的信心。

▌藍色服裝能讓男性贏得信賴

　　期待給別人留下好印象，贏得別人的信賴幾乎是所有人的願望，對於男性來說，要達到這個目的，最好選擇藍色的服裝。相對於女性，藍色服裝更能夠贏得男士的信賴。也就是說，要想加強男人間的友誼，藍色服裝是最好的選擇。

　　隨著主題和場合的不同，藍色多少都會有些變化，但是總體來說，男性都對藍色有某種偏愛，這種顏色也是最受人歡迎的顏色之一。即使流行和價值觀發生了變化，藍色能夠展示出的良好印象也不會受到潮流的影響，藍色帶給人的好感度也基本穩定。

　　雖然統稱為「藍色」，但是細分起來可以有很多種，比如看起來比較樸素暗淡的藍色，還有比較顯眼的鈷藍色以及沉穩深暗的深藍色等等。其中藏藍色和海軍藍常常用於商務西裝，也是面試場合很常見的一種顏色。這兩種藍色能夠給人帶來優雅和精明的感覺，時時刻刻向別人傳達著一種資訊：我是一個值得信賴的人。

　　除了顯示優雅和精明的深藍色之外，鮮艷的藍色和淡藍色在贏取信賴方面同樣有效。鈷藍色是一種比較鮮艷的藍

色，這種藍色比較有活力，能夠給人帶來誠實、爽快、明朗的感覺。更淺一點的天藍色則給人帶來一種更加親切、細膩、柔和的感覺，這種顏色不僅男士可以使用，女士也可以選擇，既可以展現自己的睿智誠實，同時還可以展現自己柔美的氣質。

然而，作為一種冷色調，藍色在一定程度上也會造成一種距離感，使用的時候一定要注意搭配一些暖色的配飾。

除此之外，利用藍色來贏取信賴的時候還可以根據對方所在的行業來選擇。當對方屬於金融業的時候，可以選擇藏藍色來拉近彼此距離；如果是來自建築行業或者房地產行業，最好試試藍綠色；如果對方是政府工作人員，可以選擇淡藍色來拉近距離。

需要用藍色來贏得信賴的時候，要根據對方所在的行業和場合來選擇不同的藍色，做出靈活的選擇，只有這樣才能事半功倍。

重點歸納

藍色巧搭配

對於男性來說，藍色外套裡面可以搭配橘黃色或者淡黃色的襯衫，藍色與橘黃色對比可以營造出強烈的視覺衝擊力，看上去時尚有型。如果想要顯得專業一點，藍色西裝裡面可以搭配白色襯衫，再加一條黑色領帶就看上去比較有個性，又不失商務感。

巧用淡藍色拯救第一印象

　　第一印象，又叫「初次印象」，它是指兩個素不相識的人在交往過程中所獲得的對對方最初的印象。

　　獲得第一印象主要有途徑：第一種直接接觸獲得的第一印象，是指透過雙方的直接接觸獲得對對方的印象，主要包括相貌、身材、表情、舉止、裝束等；第二中間接獲得的第一印象，是指雙方在見面前已經透過別人的介紹或從報刊、廣播、電視等大眾傳媒工具中瞭解到彼此的情況。

　　心理學中，有一種效應叫做「首因效應」，它是指人與人第一次交往中給人留下的印象，在對方的頭腦中形成並佔據主導地位的效應。當人們第一次與某種事物接觸時會留下深刻印象，透過「第一印象」輸入的資訊對個體以後的認知會產生的強烈的影響，這種影響作用最強，持續時間也很最長。

　　實際上，首因效應表現的就是第一印象的重要性。而當我們利用直接接觸的方式來獲得第一印象的時候，顏色在其中起到的作用至關重大。

　　有這樣一類人，性格優雅沉靜，脾氣很好，在與人相處

一段時間之後通常能夠贏得別人的信賴，但是不知道為什麼，這類人留給人的第一印象總不是很好。如果你也有這樣的疑惑，可以回想一下，是不是自己平時去見別人的時候總是喜歡穿黑色、深灰色等暗色調的衣服呢？

黑色雖然是很保險的顏色，穿著黑色出席任何場合一般都不會出錯，但是在與人初次見面的情況下，黑色並不是最佳選擇。因為黑色是最佳展示威嚴感的色調，在與人初次見面或者期待在輕鬆緩和的氣氛進行談話時都不宜使用。因為黑色會讓人產生距離感，帶給人拒絕的印象，使對方覺得自己難以接近和溝通，甚至有些固執，這就與原本所預期的融洽氣氛格格不入。

如果你想要轉變自己的第一印象，擁有一個良好的開端，不妨嘗試一下把深暗的色調轉變為淡藍色或者天藍色等。以藍色為主色調的顏色很容易贏得對方信任，打開彼此心扉，可以給人留下細膩優雅又坦率的印象。

當用藍色來拉近彼此距離的時候，可以盡可能的選擇較大的面積來展示，這樣可以更好的消除彼此間的隔閡，迅速拉近彼此距離。

實際上，在與他人初次見面的時候，黃色系也可以有效的改善第一印象。穿著黃色的衣服可以讓身邊的人感覺到快樂和舒心，這對於縮短雙方的心理距離也有很大的幫助作用。

如果性格比較保守，對黃色比較抗拒的話，可以小面積

使用黃色，這樣做對於塑造良好的第一印象也能起到正面作用。

重點歸納

藍色與第一印象

　　藍色能減緩人的行為速度，使人看起來更理性沉穩，所以是一種很容易贏得信任的顏色，能給對方留下細膩坦率的印象。要想贏得對方的信賴，消除隔閡，藍色是最佳選擇。

　　使用藍色時，面積可以大一些。深藍色適合成熟的人，能讓人感到穩重與權威；而淺藍色或天藍色可以給人留下單純率真的印象，周圍的人會因為你的單純而信任你說的話。

遠離全身黑色，防止威嚴感

如今的女性早已成了職場的「半邊天」，她們在工作中獨當一面，雷厲風行；在生活中，她們也逐漸展現出男性氣質，甚至會像男人一樣喝酒抽煙，愛好也越來越男性化，週末的時候，甚至有些人也會與男人在網路遊戲中殺得你死我活。

在工作中需要努力工作才能與男性平起平坐的女強人，為了讓自己看起來更威嚴，常常用黑色把全身裹得嚴嚴實實的，她們認為這樣別人就不會因為自己是一個女性而輕視自己。但是，長此以往，自己身上的女性特質也越來越少，人變得越來越嚴厲，親戚朋友似乎也離自己越來越遠了。

其實，任何一個女性在心理上都有得到別人，尤其是男性關愛和照顧的想法，不過一身黑色早已把周圍的人嚇跑了。當你產生「某某居然不把我當女人」的想法冒出來時，不妨審視一下自己的衣服，試著拋棄黑色，找回屬於女性的顏色。

淡紫色是一個不錯的選擇。淡紫色可以讓人顯得高貴明艷，能夠很好的展現出女性美。具體說來，淡紫色就是丁香花或者薰衣草的顏色，它可以大面積使用。

如果覺得淡紫色的T恤或者下裝無法顯示職業感，不妨

試試淡紫色的套裝。它能夠讓別人眼前一亮，讓人覺得穿著這種衣服的人一定是溫婉、具有女人味的。據說，原本總是穿著一身黑衣服的一位企業高階主管總是覺得員工孤立自己，實際上她的性格很溫柔，但是一身黑衣服讓人無法把她與溫柔聯繫在一起。

有一次她偶然穿了一套淡紫色衣服，頓時覺得員工看她的眼神都不一樣了，向她請示問題的時候看起來也輕鬆了許多。從那以後，這位女高階主管總是刻意的遠離一身黑的打扮，防止給別人帶來威嚴感。

對於男性來說也是一樣的，一身黑色的打扮會讓人敬而遠之，不願意與你接近。如果大家都不願意與你說話，或者都不願意把自己的真心話告訴你，那麼你的工作要怎麼開展呢？對於男性來說，不妨試試淡顏色的襯衫，毛衣等，比如淡黃色、淡藍色等，這會讓人覺得你很活潑，願意與你接近。

重點歸納

全身黑色會帶來威嚴感

對於職場女性來說，雖然全身黑色可以讓自己看起來幹練自信，但是長此以往，自己身上的女性特質也很難展現出來，會影響自己的人際關係。男性一身黑色打扮同樣會讓人敬而遠之，讓人不敢接近。對於女性來說，能夠顯示女人味的淡紫色是一個很好的開端；而男性則可以選擇淺顏色的襯衫、毛衣等，比如淡黃色、淡藍色等。

溫柔暖色系讓你桃花朵朵開

「想要受到異性的歡迎」幾乎是所有人心裡的願望，不管你的年紀多大，結婚與否，能夠得到異性的喜歡是對自己的最好肯定，同時也是提高自信的捷徑。如果想要受到異性的關注，不管男性還是女性，都要注意自己的服裝色調，讓色彩告訴別人你希望得到他們的關注。

想要獲得女性好感的男士，最有效的方法就是衣服的主色調中加入一些暖色作為配色或者點綴色。由於男性的服裝以深色為主，所以點綴色最好選擇暖色系的顏色。比如黃色、紅色或者粉紅色，這樣的顏色可以提高人的興奮感，也是能夠有效拉近彼此距離的顏色。

在女士比較多的場合，這樣的顏色可以讓現場的氣氛變得更加熱烈輕鬆。在這樣的氣氛中，男士更容易自然的表現出自己的特點。在社交場合，能夠表現自如的男士通常能夠獲得女性的青睞。

除了讓氣氛變得熱烈，暖色還能夠對男士的情緒產生影響。現實生活中，固執挑剔的男性很難受到女性歡迎，當男性使用暖色系的時候，他們會不自覺的展現出溫柔寬容

的一面，讓人覺得你是一個個性隨和容易相處的人。

　　由於女性多數也是職場中人，可能長期的職場生活讓大家都變身為「女王」，喜歡用黑色或者其他的深顏色來保護自己，忘了自己原本是個溫柔的「公主」，喜歡溫暖夢幻的顏色。

　　其實在下班之後，不妨來個大變身，選擇自己喜歡的顏色來展現自己的女性魅力，吸引他人的目光。淡黃色能夠平復你上班時緊張的心情，而黃色則可以展現出孩童般俏皮的氣質，粉色則是在告訴別人我是一個需要別人保護的人。不過使用暖色的時候要注意技巧，千萬不要讓自己顯得過於幼稚，應該在優雅中透露出一點童真。

　　不管是對於男性還是女性，溫柔的暖色系都是催旺桃花的祕密武器！

重點歸納

暖色系催旺桃花

　　想要獲得異性的關注是每個人的願望，不管對於男性還是女性，暖色系都是很好的選擇。

　　男性選擇暖色作為點綴色，能夠拉近彼此的距離，讓氣氛變得熱烈。暖色也能對男性本身產生影響，讓他們展示出溫柔的一面。女性則可以利用自己喜歡的暖色展現女性魅力。深深淺淺的暖色能夠打造出不同的印象，可以根據自己的喜好選擇。不過要注意不要把自己打扮得太過幼稚。

前三次約會，妙用色彩抓住他的心

　　第一次與喜歡的人約會，穿什麼樣的衣服幾乎是所有女性共同的煩惱。即使是走時尚摩登路線的白領女性也有同樣的疑惑甚至誤解。

　　日本曾經對白領女性做過一項調查，調查顯示大多數白領女性都認為第一次約會穿白色或者淺色衣服比較合適，這樣的衣服整潔乾淨，能充分展現女性美，可以給別人帶來清純的感覺。

　　事實上，第一次約會穿白色並不是一個很好的選擇。因為白色雖然看起來整潔，卻容易給人留下清高難以親近的印象。尤其是第一次約會的時候，雙方都很緊張，想說的話常常不知道怎麼表達，這種情況下，白色衣服帶來的距離感會顯得尤其明顯。

　　第一次見面最尷尬的情況就是出現冷場，兩個原本不熟悉的人坐在一起，如果大多數時間都不能順利交談，那麼相信雙方的感覺都不會很好，因此第一次約會的時候最好

選擇紅色的衣服。因為紅色能讓對方感覺到你的熱情，瞭解你的心意。此時男士的心情也會比較放鬆，交談也會比較隨意。

其實第一次見面談話的內容並不重要，關鍵在於氣氛。只要交談的氣氛自然隨意，彼此的內心就會拉近。如果害怕紅色給人帶來招搖感覺，可以學學韓劇中女主角的搭配方式。裡面穿著黑白色系的套裝，外面穿紅色的西裝外套，這樣的搭配可以讓人感到你的熱情，又能展現自己的個性，整體散發出幹練又高雅的氣質。

在第二次約會的時候，建議女士穿著比較能夠展現女人味的淡紫色。淡紫色是代表浪漫的顏色，不僅能夠把女性的膚色襯托的更加完美，而且還能促進雌激素的分泌，讓女性變得更漂亮。

這是因為戀愛之後體內會分泌出提高皮膚代謝和讓皮膚光潔的激素，再加上心情愉悅，這自然會讓女人看起來更漂亮。此時女性應該多穿淡紫色的衣服，平時最好也多看些這樣的顏色，它可以促進女性激素的分泌，讓女人變得更美麗。

另外，女人談戀愛之後多數都會變得喜歡粉色，即使原來不喜歡粉色的人也會對它產生興趣。這是因為粉色不但與淡紫色具有同樣的效果，而且還能讓女性變得更溫柔，更能展現女性特質。不過使用粉色的時候要注意比例，否則看起來會很幼稚。

　　那麼白色的衣服是不是就不適合約會時穿著呢？答案當然是否定的。白色衣服比較適合在兩個人熟悉之後再穿，第三次約會的時候不妨嘗試一下清純的白色吧！前兩次的約會中，女性已經用鮮艷的顏色給對方留下了輕鬆的印象，第三次約會時穿上白色衣服會給對方造成巨大的印象差，能夠展現自己的另外一面，這種新鮮感會讓對方更感興趣。此時，白色就能夠發揮它的正面效應了。

重點歸納

約會初期服裝選擇

　　第一次約會最好選擇能夠活躍氣氛展現自己熱情的紅色，可以讓對方感覺到自己的感情。

　　第一次約會一定要避免白色，因為它會給人帶來距離感。

　　第二次約會可以選擇展現甜蜜心情的粉色或展現女人味的淡紫色。自己喜歡的其他暖色系服裝也是不錯的選擇。

　　第三次約會可以選白色，此時兩個人已比較熟悉，而且白色能給對方造成印象差，可以很好展現自己的另一面。

初次約會，男性別選紅衣服

　　女性對第一次約會非常重視，其實男性也是如此。也許男性常常會穿著隨意休閒的衣服出現在約會地點，但是這套看起來隨意的衣服也是經過仔細思考才最終成為他的約會裝的。

　　相對於男性對女性外表的重視，女性更重視男性的內涵，但是男士第一次約會時穿著合適的衣服會讓你的印象加分，所以男士約會的時候千萬別穿太過誇張的衣服，整體只需要一兩個亮點就可以了，花花綠綠的服裝可是無法迷倒女孩子的！

　　男士約會時最好選擇淡色調，這樣能夠讓自己顯得溫柔貼心。第一次約會穿黃色襯衫可以快速拉近與女孩的距離，讓人感覺你是一個健談、充滿生活情趣的人。

　　橙色的襯衫可以讓你看起來積極向上，富有創造力，親切友善。如果你長著一張娃娃臉，粉紅色的襯衫也是一個很好的選擇，這會讓你看起來新潮時尚，給女孩留下青春活躍的印象。

　　但是如果第一次約會穿了粉紅色的襯衫，以後就不要太

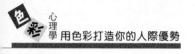
依賴粉紅色了，因為這會帶來幼稚的感覺，讓女孩覺得和你在一起沒有安全感。

藍色則是屬於男子漢的顏色，穿著藍色襯衫的男士會讓人覺得溫柔、有禮貌，能夠理性地處理問題，顯然這是最適合第一次與女孩約會時的顏色。

不過，第一次約會的時候千萬不要穿紅色衣服出場，因為紅色能讓人感情興奮、情慾膨脹，男士穿著這樣的衣服會給人不懷好意的印象，說不定女孩看到之後就會毫不客氣的轉身走掉！

最後要提醒男士的是，不管天氣多麼炎熱，初次約會也應該穿長袖襯衫，短袖襯衫會給人不正式的感覺，會讓女性覺得自己沒有得到足夠的重視。

重點歸納

初次約會男性服裝選擇

男性初次約會最好選擇淺色調，這樣可以讓女性感覺到你是一個溫柔貼心的人。穿黃色衣服可以快速拉近與對方的距離；橙色、藍色也是很好的選擇。如果你是一個娃娃臉的男性，不妨嘗試一下粉紅色。

需要注意的是，男性第一次約會千萬不要穿紅色的衣服，這會讓人感覺到你是一個猥瑣不堪的，會讓人產生警戒心。

清爽淺色讓你悄悄打開她心鎖

　　在擁擠的公車或其他的公共場合中，我們不可避免的要與別人接觸，這一點常常讓我們感到不舒服，甚至產生窒息的感覺。

　　其實這種窒息感不僅僅是空氣不好引起的，更重要的是很多不熟悉的人突破了人與人之間的安全距離，讓我們感覺被侵犯了。

　　美國的心理學家鄧肯的研究顯示：人與人之間的安全距離是1.2公尺。除非是你特別信任、熟悉或親近的人，否則無論是說話還是其他的交往活動，突破了這個距離之後，都會讓人產生不安全感。目前最新的研究則證明，以自己為圓心，半徑在0.8~1.0公尺之間的空間都屬於個人空間，不熟悉的人闖進這個空間會讓我們精神緊張。

　　女性的心理非常特殊，當有陌生的異性闖進自己的個人空間時，最初的心理活動是討厭，但是時間長了，如果這個異性退出安全距離以外，她又會感覺到失落。但如果闖入安全距離的方式非常生硬，這個原則就不適合了，她會對這個異性一直持厭惡的態度，不會改變。

因此，對於男性來說，如何進入女性的安全距離之內而又不會被厭惡便是能否虜獲其芳心的關鍵。為了自然而然的接近這個女性，男性最好穿著沒有侵略性的服裝慢慢靠近，清爽淺色的衣服是最好的選擇。

女性會對穿著這樣色彩衣服的男性抱有好感，認為他們是善良友好的人，即使這樣的男性進入安全距離以內，她們的內心也不會緊張，這個男性也就贏得了接近她的機會。

研究顯示，當雙方的關係比較近的時候，你在她周邊的45公分之內，她都不會有緊張感。也就是說，如果你待在這個範圍內她依然不反感的話，就說明她對你有好感。這時候你再用自己的溫柔體貼去感化她，讓她慢慢的感覺離不開你，此時你就已經打開了她的心鎖，可以準備台詞表白了。

重點歸納

用距離丈量感情

如果交談雙方的關係很密切，他們之間身體的距離會從直接接觸到距離在0~45公分之間，這被稱為「親密距離」。當你與你心儀的人之間的距離在這個範圍之內時，你可以準備表白了。

如果你與她的距離在45~120公分之間，甚至在130~360公分之間的時候，你就要加油了！此時不妨先用淡色衣服接近她，讓她卸下對你的防備心理，再用自己的溫柔去感動她。

灰色調服裝讓歉意顯得更真誠

　　兩個人談戀愛的時候，難免會出現這樣那樣的彆扭，也會犯各式各樣的錯誤。如果兩個人之間仍有感情，其中的一方應該去向另一方表示歉意，去挽回這段感情。

　　什麼顏色的服裝最適合道歉的場合，最能傳達自己抱歉的心情呢？在這裡，我們推薦灰色。灰色是所有顏色中最適合表達歉意的顏色，不用張口就可以向對方傳達出自責的心情。

　　因為灰色可以起到壓抑個性的作用，當你穿著灰色的服裝走到別人面前的時候，鮮明的個性就會被掩蓋，對方會感覺到你把自己放在了一個比較低的位置，會給人誠實認真的印象。對方會感覺到你是被動的，已經完全服從於他。這樣接受道歉的一方心情會比較舒暢，也更容易原諒你。

　　如果不是原則性的錯誤，選擇淺灰色的衣服就可以了，它會給對方造成一種你比較薄弱的印象，讓他從內心同情你。道歉時，你可以穿一件帶有大面積淺灰色的衣服，比如淺灰色的襯衫或者淺灰色的西裝。

　　如果錯誤比較嚴重，你最好拿出衣櫃中最深色的灰色來

道歉，這種深灰可以告訴別人你已經意識到事情的嚴重性，對這次道歉非常重視，希望能夠取得原諒。

不過，在比較鄭重的道歉場合，反而不需要穿正式的服裝。因為過於正式的服裝會顯得做作，似乎是為了道歉而道歉的。此時最好穿半正式的服裝，反而顯得這次道歉是自然發生的，是出自內心的。除了灰色之外，深藍色服裝也適合道歉場合。

心理學上有這樣一個關於形象塑造的理論，該理論認為每個人的形象55％是由外表塑造的，38％是語氣、語調等身體姿勢塑造的，只有7％才是談話的內容。根據這一理論，想要成功道歉贏得好感，一定要讓自己看起來真心實意，同時要自然不做作。

要想讓自己的道歉能夠被他人接受，並且不會激發新的矛盾，灰色是最好的選擇，深藍色也能形成不錯的效果。但是最重要的依然是從內心所流露出來的真誠歉意，真誠才是打動人的終極武器。

這裡還有一個忠告，那就是即使滿懷誠意，在道歉的時候，紅色和黑色絕對應該避免。因為紅色象徵著挑戰，黑色給人帶來威壓的感覺，這兩種顏色會削弱你道歉中的誠意，讓你看起來極具攻擊性，說不定對方的怒火還會被重新點燃。

重點歸納

道歉場合的色彩選擇

　　道歉的時候最好選擇灰色，灰色可以起到壓抑個性的作用，能夠給人誠實認真的感覺，這樣接受道歉的一方心情會比較舒暢，也更容易原諒你。

　　非原則性錯誤選擇淺灰色就可以，如果是嚴重的錯誤，最好選擇十分鄭重的深灰色來道歉。除了灰色，藍色也是不錯的選擇。

　　當然，道歉時候的真誠是最重要的。不過道歉的時候還是要避免穿紅色和黑色的服裝去道歉。

家居服的顏色可以增進和改善夫妻關係

　　相戀的人走進婚姻的殿堂之後，以後的日子似乎就是「王子和公主從此永遠的生活在一起了」，但是現實告訴我們結婚之後的日子並不像我們預期的那樣甜蜜，有時候兩個人也會吵得不可開交，有時候也會彼此看不順眼。但是最痛苦的莫過於隨著時間的流逝，兩個人之間曾經的激情消失殆盡，夫妻關係進入了倦怠期，「食之無味，棄之可惜」。

　　結婚之後，兩個人朝夕相處，丈夫很難看到妻子精心裝扮之後的樣子，因為回家的時候妻子已經卸掉妝容，換上簡單甚至邋遢的睡衣了；而妻子看到也經常是一臉倦容的丈夫，再也不見當年那個充滿活力的他。其實，要改變這樣的情況，重新找到曾經心動的感覺，只需要一點點改變就可以。這個改變的祕訣就是色彩合宜的家居服。

　　家裡的氣氛就是要舒適溫馨，因此不適合大紅、大綠等刺激性很強的顏色，家居服也要儘量避免這樣的顏色。目

前非常流行的糖果色是一個很好的選擇，它能夠凸顯我們純真的一面，給人帶來纖細、溫柔的印象。自認為長得很嚴肅或者讓人感覺難以接近的人可以嘗試一下這種顏色的衣服。同時，夫妻兩人最好選擇能夠展現男子漢和小女人氣質的家居服，配成一對，這樣既可以讓自己在無形之中獲得色彩的能量，同時又能夠加強彼此的關聯感，使夫妻感情更親密。男性可以選擇淡藍色的家居服，女性可以選擇淡藍色，當然也可以選擇凸顯女性特質的淡粉色等。

兩個人鬧了彆扭，都很生氣的時候，不妨試試淡藍色的家居服，它是一種溫和的色彩，在這種顏色的映襯下，眼神都會變得更加柔和，凶巴巴的人也能在淡藍色的映襯下瞬間變得可愛。看到這樣的丈夫或者妻子，估計再大的脾氣也消了一半。同時藍色也有利於我們找回理性，客觀的面對問題，這也有助於夫妻兩人從根本上解決問題。

美國總統歐巴馬可以說是利用色彩改善家庭關係的高手。當他與家人在一起的時候，最喜歡穿藍色的服裝，與女兒玩耍的時候喜歡穿藍格子襯衫，與妻子談笑的時候則喜歡簡潔的藍色的襯衫。此時的他沒有總統的頭銜，只是一個好丈夫、好父親。

不僅如此，淡淡的糖果色家居服還能夠給人帶來童年的感覺，這會讓心情變得更加輕鬆。有了愉快的心理狀態，家裡的另一半似乎也變得可愛多了，孩子也會與家長更加親近。

重點歸納

家居服的顏色選擇

　　家裡的氣氛是舒適溫馨的，所以不適合大紅、大綠等濃重的色彩，這樣的顏色會刺激人的神經，影響休息。家居服最好選擇淡雅的糖果色，不僅適合家庭溫馨的氛圍，而且還能寧神養目。

　　當夫妻雙方出現爭執的時候，淡藍色的家居服是最好的顏色，因為在淡藍色的映襯下，眼神會被柔化，凶巴巴的人也會變得可愛。而且藍色還有利於我們找回理智，從根本上解決問題。

色彩萬花筒：
檢測你和對方的色彩緣分

約會的時候，人們總是傾向於選擇自己喜歡的顏色，這顏色能夠透露出對方內心隱藏的性格。只有性格合適，兩個人才可能走到一起。

那麼你跟對方的性格合適嗎？下次不妨觀察一下他身上的色彩奧祕，測試一下彼此的色彩緣分！

一、紅色 VS 綠色

喜歡紅色的人天生喜歡變化，喜歡嘗試新鮮事物。而喜歡綠色的人則以穩定為樂趣。如果想要跨越性格上的鴻溝，綠色要儘量放鬆自己，讓自己被紅色的激情感染；而紅色則應該控制自己變化的速度，讓綠色能夠跟得上自己的腳步。

二、紅色 VS 黃色

在追求的過程中，紅色喜歡體驗過程，而黃色偏偏只重

結果。這兩種顏色要想和諧相處，最好的辦法是紅色學習黃色解決問題的能力，而黃色則要試著包容、體諒紅色，同時學會享受追求的過程。

三、藍色 VS 黃色

喜歡藍色的人很理性，對感情的需求度也很高；而黃色關注的常常是某件事情，而並非個人。黃色神經大條，而藍色不善表達，所以這兩種性格的人在一起很容易因為溝通而出現問題。

如果想要和諧相處，藍色應該學習如何坦白的表達自己，而黃色的人則需要提高敏感度，對戀人多些體貼。

四、藍色 VS 紅色

紅色隨性奔放，不拘小節，不喜歡受規則束縛；而藍色則與之相反，沉靜內斂，喜歡嚴格按照規則辦事。每個人都喜歡按照自己的天性來生活，而這兩種性格天生是相反的，難免發生分歧。

如果相反性格的人想要白頭到老，彼此之間的理解和包容是必不可少的。

五、黃色 VS 綠色

喜歡黃色的人是個急性子，發現問題就會指出來，而綠色天性鬆弛平和，是一個得過且過的人。這兩類人若想融洽，黃色要學會耐心，要按捺住自己的急脾氣；而綠色也要學著主動表達自己，積極面對已經發生的問題。

六、藍色 VS 綠色

藍色和綠色雖然行動力都很差，但是原因不同。藍色是為了想把事情考慮得更加周全，而綠色則認為這件事根本無所謂。另外，藍色的高要求讓綠色很累，而綠色的隨遇而安則讓藍色覺得沒有原則。其實，雙方應該互相學習，綠色要學會謹慎，藍色要學會放鬆。

總體來說，如果雙方喜歡的顏色是類似色，那麼兩個人算是情投意合的一對。這樣的兩個人有很多相似之處，也非常有默契。比如藍色和綠色、紅色和橙色、黃色和橙色以及粉色和紅色等。

而性格互補的情侶也被稱為「天生一對」，喜歡互補顏色的情侶由於神祕感而相互吸引，二者可以性格互補，當成平衡。這樣類型的最佳搭配有黑色和粉色，灰色和橙色，白色和紅、藍色，藍色和白、黃色，紅色和藍、綠色，黃色和紫色等。

Part 5

提升工作效率的
色彩寶典

紅藍環境可以讓你自信滿滿

　　美國心理學家阿爾伯·邁拉比爾所提出的「邁拉比爾法則」認為，多種因素都可以對人的心理產生影響。其中，服飾、表情、動作等由眼睛判斷所產生的視覺資訊占55%，說話聲音大小、速度以及停頓等由聽覺進行判斷的資訊占38%，說話內容以及說話方式等語言資訊可佔據7%。從邁拉比爾提出的這個法則中，我們可以發現視覺在獲取資訊方面起到了多大的作用。

　　現代社會的競爭越來越激烈，甚至有有些公司在年末總結的時候會按照慣例將職員的業績按照從高到低的順序排列，將排在最後的一個人淘汰。在這種情況下，不僅是那些企業高官害怕自己被其他人超過，即使是一般的職員也面臨著同樣的問題。即使沒有「末位淘汰」，總是在「成績單」上排最後一名也是一件讓人臉上無光的事情。在這樣的壓力下，公司的同事既是你的夥伴，同時又扮演著競爭對手的角色，在競爭上，千萬不能輸給競爭對手。

　　如果我們能夠利用色彩所具有的心理學效應來不斷激勵自己，始終讓自己鬥志昂揚，那麼我們是永遠也不會被淘

汰出局的。

那麼，應該選擇什麼樣的顏色來幫助自己保持自信呢？提到讓自己在競爭中保持自信，大家最先想到的一定是熱情的紅色。紅色能夠給人帶來積極性和勇氣。人在沒有自信的時候一般不會主動選擇紅色。其實，當你感覺缺乏信心和鬥志的時候，不僅不要遠離紅色，相反，你要主動去接近紅色來提高自己的信心。穿上紅色的衣服、動作幅度大一些，這樣別人立刻就可以從你身上感覺到無窮無盡的能量和鬥志。

不過，在競爭的環境中，光有熱情和自信是不行的，要想在競爭中取得勝利，既要有攻擊的衝勁、必勝的信心，同時還需要具備冷靜的思考能力和自制能力，能夠讓我們冷靜並且自制的顏色非藍色莫屬。

紅色和藍色的組合象徵著嫉妒和競爭，又被稱為「體育色」，常見於足球比賽和拳擊比賽中。紅色的熱情、攻擊性和藍色的客觀、冷靜組合在一起就變成了競爭的意思。在競爭中只用紅色，就像戰爭中只有蠻力一樣，是很難取勝的；而藍色則讓競賽者在衝動中保持理智，學會用大腦贏得勝利。

在參與某個項目的時候，想提高業績，可以在辦公桌的四周添些紅色或藍色，或使用紅色或藍色的文具或資料夾，讓這兩種顏色直接成為你的動力源之一。

重點歸納

讓你自信滿滿的紅藍組合

　　紅藍組合象徵著嫉妒和競爭，適合競爭壓力大的現代企業中。在企業中，你要時刻保持旺盛的工作熱情，防止自己被同事超越，最終失去工作中的優勢。

　　但是僅有熱情並不足以贏得競爭，它還要求我們具有冷靜的頭腦，可以思考自己前進的方向，隨時調整自己的戰略，用大腦來贏得競爭。

　　參與專案的時候，在辦公桌周圍添加紅色和藍色，或者使用紅色、藍色的文具，都會給你帶來戰勝對手的自信。

熱情的紅色能夠激發團隊潛能和動力

　　在各種色彩中，最能夠激發潛能和動力的顏色就是紅色。作為一個團隊的領導，想要讓整個團隊變得充滿鬥志、行動積極的話，多帶領隊員接觸一些紅色是最好的選擇。

　　在色彩心理學中，紅色是最能讓人保持積極向上的姿態，看到紅色，人們內心就會產生「活動起來」的想法。

　　紅色之所以能夠與行動聯繫起來，可能與人類祖先艱難的生活有關。相對於其他的猛獸，人類的祖先生存的優勢並不明顯，他們既沒有鋒利的牙齒，也沒有風一樣的逃跑速度。為了生存，他們必須利用大腦和眼睛儘早的發現危險，尋找食物，保護自己和後代。那時候的人類已經學會了分辨兩種紅色。

　　第一種是「火與血」的紅色，它代表著危險。當發生火災的時候，周圍會變得一片通紅。當人類遭受敵人襲擊的時候，身上會有血液流出來。這兩種紅色讓人類的祖先意識到危險，需要時刻保持警戒。看到這樣的紅色，如果不

能迅速逃跑，面臨的就是死亡。因此，能否儘早發現危險並迅速逃跑是關乎生存的大事，這樣紅色也就成了讓人快速行動，甚至挖掘出自己的潛能迅速逃跑時的警示色。

　　除了代表「火與血」的紅色，成熟的果實也是紅色的，新鮮的肉也是紅色的。如果果實發綠、肉質變黑變青就說明這些肉已經腐爛，不能吃了。這種情況下，紅色代表著食物，而足夠的食物是生存的保障，因此，這些紅色提示我們的祖先要儘早下手，防止錯失好時機，讓別人搶先奪得食物。

　　出現紅色，人類的祖先就要迅速決定是逃跑還是接近，這是關乎生死存亡的大事。就是這個原因，使得紅色在人類生活中具有非常重要的意義。

　　當人們看到紅色或者是穿上紅色的衣服，人會出現血壓和體溫上升、心臟跳動加快的現象，進而會促進荷爾蒙的分泌。當團隊裡面有人興致不高，或者因為業績沒有達標而心情低落的時候，團隊的領導不妨在工作環境中佈置一些紅色，或者讓隊員穿上紅衣服去進行一次拓展訓練，員工就會重拾信心，獲得積極面對苦難的勇氣和戰勝困難的信心。

重點歸納

激發潛力的紅色

　　色彩心理學中，紅色是最能讓人保持積極姿態的顏色，它會讓內心產生動起來的想法。紅色能夠提高血液循環速度、使心跳加快，促進荷爾蒙分泌。當人們看到紅色時，人立刻就會感到精神振奮，潛能也會因此而得到激發。

　　當團隊中的人缺乏動力時，可以在環境中多佈置些紅色，幫助隊員重獲戰勝困難的信心和勇氣。

紅綠對比，讓資料變化更顯眼

在實際工作當中，每個人都有自己的目標，要實現自己最終的目標，就一定要對目前每一步所取得的成績有清楚的瞭解。

對於那些常年與數字打交道的人來說，比如銀行職員、銷售人員等，一張反映自己工作成果的資料折線圖是不可缺少的。那麼，要採用什麼樣的方式讓自己的工作成果一目了然呢？

如果單純用數字標明的話，初期可能還會有具體的數字記錄，但是過了半年、一年之後再來看這張圖表，我們大概只能看到滿頁的數字了。至於工作取得了什麼樣的成果，是處於上升階段，還是已經下降，滿頁的數字估計很難看出走勢。因此大家很有必要在資料表上下些功夫，讓我們不僅可以長時間記住數字，而且可以自始至終保持對數字鮮明的印象和敏感度。

許多實驗已經證明了透過視覺獲得的資訊給人留下的印象更深，也容易形成長久記憶。那麼什麼樣的顏色最適合做資料表呢？

　　色彩學家的研究顯示，在表現數字增長和降低方面，最有效的顏色就是紅色和綠色的組合。這兩種顏色互為「補色」，在色相環上處於相對的位置。根據前面講過的色彩搭配規律，互為補色的顏色搭配在一起可以突出彼此。所以紅色和綠色來畫資料圖表的時候，我們對於資料的認識會比較全面，不會只看到增長，或者只看到下降，而是能夠對這兩方面都形成清晰的印象，有助於我們調整工作思路，從而更快更好的達成目標。

　　在進行經濟活動的時候，支出多於收入的數字用紅筆寫在帳簿上，這紅字就是經濟學中的「赤字」。之所以用紅色來表示入不敷出，也是因為紅色比較醒目，能夠起到警示的作用。在國外的股市中，紅色代表下跌，綠色代表上漲，也是利用紅綠色的對比組合來突出數字的走勢。

　　除了能夠鮮明的表示出數字的走勢之外，紅色和綠色的組合還有其他的象徵意義，而這個意義可以說明人們達成目標。紅色象徵「自信和行動力」，綠色象徵「和平和安定」，二者組合起來則象徵著「強烈的願望和成功感」，這種兩種或多種色彩組合之後形成的新意義叫做「色彩複合詞」。

　　紅綠組合的這種特性用來表達資料的話可以加深大家對資料的印象，使大家在心裡樹立朝著這個方向去努力的目標。

重點歸納

表現走勢的最佳色彩組合

　　紅色和綠色的對比最適合表現數字的走勢。首先是因為赤字在全世界都是「入不敷出」的意思，所以很適合表現數字的下跌。

　　之所以選擇綠色與紅色搭配，是因為二者是對比色，組合在一起可以起到互相突出的作用，能夠讓數字的走勢更加明顯。

▌黃色、綠色是激發創意的顏色

世界上有很多富有創意和設想的設計大師，他們能夠不斷設計和開發出大受歡迎的產品。看到這些新奇的產品，我們可能會想：「這個只需要動一點點腦子就可以，我怎麼沒想到呢？」

實際上，大家並不是智商太低而不能想出富有創意的想法，而是因為思維被局限於所學的知識，缺少那種天馬行空的思維活動。

如果你想要變成一個富有創意的人，就要重新構建大腦的思維體系，遇到問題多想一想有沒有其他的辦法解決，爭取想出盡可能多的解決方案，然後從中選出最好的方法。經過一段時間的訓練，你就會把這種思維方式變成思維習慣，此時創意大門也就開始慢慢開啟了。如果總是拘泥於固有的觀念，被過去的經驗和資料所束縛的話，你就絕不可能想出新的創意了。

想要讓大腦變得活躍，黃色是很好的選擇。如果注視黃色一段時間，腦細胞就會變得很活躍。很多色彩學家建議老年人可以多接觸一些黃色來使大腦活躍，預防老年癡呆

症。對於創意行業來說，可以辦公環境佈置成以黃色為主色調的環境。

如果黃色在整個辦公室中顯得很突兀的話，可以使用黃色的筆記本或者資料夾等文具；另外，黃色的領帶、絲巾、手帕，或者在衣服上綴一個黃色的徽章也能起到相同的作用。大家還可以把家裡面的窗簾和桌布換成黃色的，也可以用黃色的花作為房間的裝飾品。

科學研究還顯示，α腦電波與創造力有著密切的關係。創造力高的人大腦在遇到困難的時候可以檢測到比常人更多的α腦電波。人在處於極度放鬆狀態時，α腦電波會在四種腦電波中占主要地位，此時人的創造力最強。

從這一點來看，能夠讓心情放輕鬆的綠色也是能夠有效激發創意的顏色。名人的傳記中經常提到「洗澡的時候」、「散步的時候」獲得了某種創意，其實這不是創意的偶然性，而是人在輕鬆的狀態下更容易獲得靈感，而綠色就是能夠讓大腦得到放鬆的最佳顏色。

有的時候，當我們為解決某個問題焦頭爛額的時候，不妨離開自己的辦公桌，站起來喝杯茶，看著窗外的樹讓思緒自由飄散，也許大腦放鬆之後，你反而能夠更快的想到解決方法。

重點歸納

黃色和綠色激發創意

　　要想獲得創意，我們必須跳出原有的思維模式，讓大腦積極的運轉起來。從這個角度上來講，能夠讓大腦變得更加活躍的黃色能夠激發創意。

　　另外，當人處於極度放鬆的狀態時，與創意有關的α腦電波會增多，這也有助於產生新的創意。從這點來看，能夠讓人的精神極度放鬆的綠色也是激發創意的顏色。

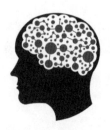

工作枯燥，藍色可以安撫情緒

　　科學技術的發展為生活帶來了很多便利，一個小小的研究成果可能會對世界的各個方面都會產生影響。比如奈米技術不僅讓基礎科學的研究進入了一個更加細微的世界，而且它也對生活的其他方面產生了影響，比如在衣服中加入少量奈米微粒可以防止靜電，化妝品也可以更有效的應對毛孔粗大和細紋等等。

　　但是我們在享受科技對給生活帶來的便利時，有沒有想到這些成果的背後凝結著無數科研工作者的心血呢？他們可能整整一天都緊盯著試管和顯微鏡，也可能面對著無數的實驗資料焦躁無比。

　　這些科研工作者如何才能擺脫枯燥的感覺，每天都精力充沛的面對實驗和資料呢？其實在安撫情緒這方面，色彩也能幫大忙！

　　要進行一項研究，收集資料、做實驗、大量的資料分析，這一切不僅需要科研工作者擁有科研的熱情，還需要他們具有高度的注意力、耐心和毅力，最重要的是面對任何事情和問題時都能夠冷靜判斷、沉著應對。如果精神不

夠集中是無法做好研究的。所以科研工作者的桌子上應該儘量避免能夠分散注意力的紅色或者橙色等顏色。

面對枯燥的工作，最能夠安撫情緒的就是藍色，這是一種能夠給人的生理和心理都帶來平靜的顏色。做研究工作，除了需要高度集中注意力之外，還要能夠長時間做案頭工作。

不過，人一旦覺得時間過得太慢就會容易疲勞，而藍色則能夠縮短人的心理時間，覺得時間不是那麼難熬。當你需要長時間做一件事情的時候，不妨試一試這樣的顏色。

不過，藍色具有鎮靜的效果，使用過多的話就會陷入失去節制，變得渾渾噩噩，失去生活的熱情。為了保持生活的熱情，不讓自己變得過於理性，不會體諒別人，我們可以在藍色環境中適當添加一些黃色。

在產品研發的過程中，除了做實驗，還有資料分析以及提出理論等不同的步驟。實際上，不同的步驟可以使用不同的顏色來提高效率。

在做實驗的過程中，綠色可以給你帶來平和安定的心境，而且綠色帶來的創新環境有助於提高實驗者的獨創性；做完實驗，處理資料的時候可以選擇灰色，灰色心平氣和的面對數字或文字，同時對數字和文字的敏感性也能得到提高；在綜合資料結果，提出理論的階段，藍色是最好的選擇，因為藍色代表著理性，能夠讓我們更加注重理論的準確性和嚴謹性。

重點歸納

讓工作不再枯燥的顏色

　　開發產品的時候，需要透過實驗、資料分析以及提出理論等一系列工作才能完成，而這些工作都需要我們保持安靜，一遍遍的核對和確定，所以這樣的工作難免會讓人們感到煩躁。色彩可以減少這種煩躁感。

　　綠色可以讓心境平和，帶來的創意還可以提高實驗者的獨創性；灰色能夠讓大家對數字更敏感，可以提高資料處理的效率；代表著理性的藍色則適合用在提出結論階段。

12345
67890
+ - × : = %
$ € ¥

純白色牆壁不利提高工作效率

在一個公司中，有些人從事外部聯繫工作，有些人則主要在公司辦公。可以說，工作中的一大半時間都要在辦公室中度過，因此職場環境的好壞也就會在不知不覺中影響我們的身體健康和心理狀況。

辦公室中的牆壁顏色、照明情況以及桌子和電腦桌面的顏色都會在不知不覺中進入眼簾，也就是說，大腦在無意識之中就受到了顏色的影響。有時候，只要環境顏色的一點點變化，整體的辦公環境就會給人們帶來完全不一樣的感覺。

現代的辦公大樓中，牆壁幾乎都是白色的，這是因為白色是「百搭色」，與任何顏色搭配在一起都能成為一個和諧的整體，有利於公司後期的裝修。此外，白色還能給人帶來乾淨、明亮的感覺。

雖然白色有如此多的好處，但是純白色的牆壁並不利於開展工作，提高工作效率。有實驗證明，白色是一種容易讓人疲勞、心浮氣躁的顏色，特別是純白色。純白色能夠對大腦產生很強烈的刺激，很快就會讓人感覺疲勞。

另外，如今辦公室的照明通常是日光燈，這種燈發散出的燈光略帶藍色，這樣的顏色照在白色的牆壁上，會讓白色看起來更加蒼白，這樣的搭配非常不適合需要高效率工作的現代商業社會。

如果想要提高工作效率，又要辦公室牆壁的色彩和諧百搭，最好選擇米色的牆壁。米色最接近人的膚色，其產生的穩重感可以帶來安全感。當人的身心能夠放鬆的時候，工作就會充滿幹勁，處理事務的時候也能夠變得高效靈活。

如果不想改變牆壁顏色的話，改變燈光顏色也是一種提高工作效率的方法。可以把一部分日光燈換成白熾燈，這樣日光燈所帶來的慘白色就會得到平衡，略帶暖色調的白色能夠平復人的焦躁心情，提高工作效率。

目前的紙張多數是純白色的，比較刺眼，很容易讓人產生視疲勞，看不了多久眼睛就會發酸，頭腦發脹。如果工作需要長時間盯著資料看，想要進一步提高工作效率，公司可以為員工選用「護眼紙張」。這種紙呈淡黃色或者淡綠色，適合長時間閱讀的人，能夠有效緩解視疲勞。

小面積的白色能夠讓人感到清爽，如果大面積使用就會給人帶來慘白的感覺，時間長了還會影響身心健康，嚴重影響工作效率。想要工作的時候始終保持高效率，大家要儘量避免長時間身處純白色的環境中。

重點歸納

> ### 能提高工作效率的顏色

　　純白色牆壁會影響人的工作效率。因為純白色能對大腦產生強烈刺激，引起大腦疲勞。日光燈等略帶藍色的照明設備則加重了這種疲勞。

　　如果想要提高工作效率，最好把牆壁的顏色換成米色，這種接近膚色的顏色能夠讓人感到親切安心，可以提高工作效率。

電腦周圍的自然綠色可緩解疲勞

電腦已經成了職場中必不可少的裝備，人手一台電腦在許多公司中也是理所當然的事情。除了在公司，回到家裡之後我們在電腦前的時間也越來越多了。手機的功能也越來越完善，公車、捷運中，常常可以看到拿著手機看電子書、玩遊戲的人。數位設備的發展的確提高了每個人的工作效率和生活品質，但是長期使用電腦也帶來了一些負面的影響，其中最主要的影響就是對視覺的影響。

如果眼睛長期處於數位產品的「轟炸」中，不僅會出現視疲勞，而且還會有頭痛的困擾，甚至減少了電腦和手機的使用頻率時，頭痛的現象還是依然存在。如果長期處於這種狀態，工作就無法順利開展，工作效率也會變得越來越低。

綠色可以改變這種狀況。綠色是復甦和新生的象徵，能夠給人的身心帶來安靜和平和。當人處於疲勞過度、身體狀況或者睡眠狀況不好的時候，綠色能讓人感到放鬆，心情舒適。當被繁重的工作壓得喘不過氣來時，如果走進公

園或進入森林中去放鬆一下，讓自己與大自然融為一體，我們會感覺所有的煩惱都煙消雲散了。這種感受相信大家並不陌生。

上面的現象證明了綠色能夠讓緊張的肌肉得到放鬆，大腦疲勞和視疲勞也會逐漸減輕。綠色是緩解疲勞，改善眼睛充血狀態的最佳治療色。有一些人已經意識到了綠色的作用，他們把自己的電腦桌面和手機螢幕都設置成了綠色，以此來緩解自己的視疲勞。

這的確能夠起到一些緩解疲勞的作用，但是自然界中的綠色能夠更好的緩解視覺疲勞。在電腦旁邊擺放一盆綠色植物的效果要比把桌面設置成綠色的效果好很多，而辦公室的綠色植物所產生的效果則遠遠比不上公園裡的綠色海洋。所以當你感覺到壓力過大，疲勞無法減輕的時候，不妨到公園裡面去走一走，呼吸一下大自然的味道，把自己與大自然融為一體吧！

重點歸納

為什麼自然綠比人工綠效果好

顏色作用於人的方式有三種：單用眼、手眼並用和手眼鼻耳腦全身。綠色的壁紙或桌面能夠模擬自然的顏色，能夠讓眼睛得到休息，但是僅僅是讓眼睛得到休息；而盆栽則是可以觸摸的實物，是一種手眼並用的休息方式；去大自然中放鬆則會讓人感覺自己與環境中的綠色融為一體，可以得到全身的放鬆。

茶色桌椅能讓你腳踏實地

　　「堅持就是勝利」，遇到困難的時候很多人都會用這句話來鼓勵自己，什麼樣的顏色能夠讓我們腳踏實地地堅持下去呢？答案是不起眼的茶色。茶色有很多種，這裡所說的茶色是指栗色、褐色等比較接近土地顏色的樸素的茶色。

　　茶色的這個作用可能來自人類的記憶遺傳。人類的祖先生活在大自然中，那裡的土地是茶色的，象徵著自然的樹木也是茶色的，它們把根深深的紮入茶色的土地中。

　　茶色，給祖先一種踏實可以依靠的感覺，這個印象深深地印在人類的精神世界中，幾乎變成了人類的本能。對於人類來說，茶色就像是「回到原點」的顏色，可以讓內心變得堅實穩定。

　　現代社會是一個充滿競爭的社會，每個人都在不斷的向著夢想前進，有的時候在追求夢想的過程中反而迷失了自我，有時候甚至可能會摔倒。這個時候不妨用茶色的力量穩固一下基礎。

　　在追求夢想的過程中，大家不妨用茶色來裝飾自己的桌子、椅子和書架，這樣的裝修能夠給人帶來踏實的感覺，

精神上也會產生安定的感覺，在出現情緒波動的時候，茶色也能夠起到壓制衝動心情上的作用。在這樣的環境中工作，你一定能夠一步一腳印的實現自己的夢想。

另外，要想保持工作和人際關係上的穩定，茶色的西裝可以起到很好的幫助作用。而且茶色除了可以讓自己踏實思考、低調行事之外，還能夠在一定程度上起到壓制對方的作用。如果你的上級主管是一個比較獨斷專行的人，當你穿上茶色衣服的時候，他的獨斷專行就會受到壓制，他會在無形中聽取你的意見和建議。

色彩一般分為兩類，一類是讓人冷靜的顏色，另一類是讓人感覺興奮和疲勞的顏色。有助於提高忍耐力和持久性的都屬於讓人冷靜的顏色，茶色就是其中一種，另外還包括黑、白、灰以及藍色、綠色等能夠起到鎮靜作用的冷色系。像紅色那樣容易讓人振奮的暖色系也容易使人感到疲倦。

在工作中，各種顏色對於工作效率的影響非常複雜，有時候我們需要精神振奮的投入工作，有時候工作內容又要求我們能夠理性思考，這就需要我們在工作的時候注意冷暖色的合理搭配，達到能夠長時間高效工作的目的。

重點歸納

讓人腳踏實地的茶色

　　接近土色的茶色能夠給人帶來踏實可以依靠的感覺，它能夠讓內心變得堅實穩定。追求夢想的過程中，迷失自我的情況在所難免，此時可以利用茶色來「回到原點」，找到追尋這個夢想的最初動機。情緒出現波動的時候，茶色還能壓制衝動，讓我們理智行事。

　　茶色可以用在辦公室的桌子、凳子或書架上。這樣的環境可以讓你一步一腳印的實現夢想。

黑色藍色能夠培養職場中的責任感

　　從事一份工作，最重要的是職場責任感。接受一項任務之後，不管遇到多大的困難，都要盡力克服，不能遇到困難就打退堂鼓，這是缺乏責任感的表現。

　　要培養自己的職場責任感，首先要學會忍耐。在工作中，我們不可能事事順心，如果僅僅是因為不喜歡或者事情發展與預期不一樣就中途打斷，幾乎沒有人可以取得成功。遇到困難的時候大家需要堅持，憑藉忍耐獲得最後的成功。要想培養忍耐力，擁有堅強的意志，黑色是最好的選擇。

　　黑色不但具有頑固和壓制的意味，而且還是最能讓人堅持的顏色。當你心裡有了戰勝困難的慾望，就特別希望能夠借助威嚴和權威來讓自己堅持下去，而黑色就是威嚴與權威的代名詞。當人們遇到困難堅持不下去的時候，黑色能夠鍛鍊你的強忍耐力。

　　另外，黑色也可以壓抑自己的感情，當我們想要改變一

下自己任性的脾氣時也可以使用黑色。

除了黑色，藍色也是培養職場責任感的顏色，不過藍色不是培養忍耐力，而是加強人們的自制力。喜歡藍色的人，責任感都比較強，這一點是經過色彩專家實驗驗證的。在職場中，支持大家走下去的往往不是興趣，而是責任感，即使很想放棄工作或者辭職逃避，但是考慮到可能會給公司帶來的損失，可能就不會那麼輕易的辭掉工作了。

為了培養自己的職場責任感，可以在辦公環境中裝飾一些黑色或者藍色，以此來提高自己的責任感，讓自己在面對職場中的困難時能夠勇往直前、忍受寂寞。

另外，職場中的責任感也會鼓勵你不斷超越自己，提升自己的能力。

重點歸納

黑色藍色有助於培養責任感

要培養職場責任感，首先要學會忍耐和堅持，不能遇到麻煩就打退堂鼓。黑色是最能夠讓人堅持的顏色，它能夠用威嚴和權威的力量鼓勵你甚至強迫你堅持下去。

藍色則是透過加強自制力來培養責任感。當想要放棄或者辭職逃避的時候，完成任務的自制力會鼓勵你繼續，直到完成任務。

色彩萬花筒：
流行色是人為製造出來的

　　每年我們都會發現很多人穿著同樣顏色的衣服逛街，就像他們事先商量好了一樣。每年出現的主流服裝顏色就是「流行色」。也許你會想，如果辦公環境也緊跟潮流色的話，身在其中的人會不會因為總是走在潮流前線而始終處於高度的興奮狀態呢？這種方法會不會比使用那些高效顏色的效果更好呢？其實，當季的流行色並不一定適合提高工作效率，因為這個顏色是人為選出來的，而且選擇流行色的目的也不是為了提高工作效率。

　　那麼流行色是如何決定的呢？做出這項決議的是「國際流行色委員會」。在確定流行色的時候，每年都會有14個國家的流行色研究機構派出代表去巴黎開會，他們帶著各自關於流行色的提案參加會議，最後透過表決來決定兩年

後的流行色。各國的提案也很有趣,有些國家可能會帶著某種商標出席,因為商標上有他們需要的色彩提案;有的國家會帶著某種食物出席。總之,提案的方式沒有限定,重點是能夠表現自己想要推出的顏色。

各國的色彩提案由與會代表們進行表決,得票最高的色彩就會成為兩年後的流行色。各國的代表隨後會帶著流行色樣本回國,將這種色彩向生產商公佈,方便他們生產出帶有這種顏色的商品。對於消費者來說,直到換季之前的三個月,他們才能得到下一季流行色的消息。

所以,要想提高工作效率,還是「要走尋常路」,按照專家建議的顏色來裝飾,千萬不要盲目跟從。

Part **6**

人際交流中的
色彩「暗語」

平和的青綠色環境，可以助你說服他人

　　不管是在生活還是在工作中，人與人之間都可能出現意見不一致的情況，這時候就需要與他人進行溝通，盡可能與他人的意見達成一致。

　　想要說服與自己意見相左的人時，大家通常會使用事實剩於雄辯的方法來讓他人信服，如果別人不能接受自己的意見，我們也不能用咄咄逼人的方式逼對方接受自己的觀點。這樣的情況下，即使對方接受了自己的觀點，多半也是口服心不服的情況。

　　當兩個人意見不一致的時候，我們應該先思考對方的觀點是不是有道理，如果透過客觀分析，覺得自己的想法或者方案更具有可行性，此時可以請色彩來幫忙說服別人。

　　什麼樣的顏色最適合說服別人呢？在這種場合中最能夠發揮效力的就是青綠色了。青綠色能夠讓人在精神上感到愉悅，它所含有的綠色調能夠影響內心，讓對話的人心態變平和，可以使整個談話在友好的氛圍中進行。

　　除此之外，青綠色是一種屬於冷色調的顏色，它能夠讓談話的雙方都變得更加理性，這樣雙方在談話的時候也能夠留出一部分時間來認真傾聽對方的觀點，並在這個基礎上讓別人瞭解你的主張，這樣的談話才是最有效率也最容易達成共識的。

　　青綠色這種冷色調還能夠讓人們感覺到時間過得很快，這樣意見不一的談話雙方在面對彼此的時候也不會有煩躁的感覺，可以促進商談有條不紊地進行。

　　說服他人的時候，可以找一個環境主色調為青綠色的咖啡廳進行，如果找不到這樣的咖啡廳，可以找一個綠色植物比較多的地方；如果彼此的分歧並不是很大，那麼簡單的青綠色配飾就可以幫你達到目的，比如青綠色的領帶或者徽章等等。

重點歸納

說服他人青綠色最有效

　　要想說服與自己意見相左的人，青綠色的環境是最好的選擇。首先青綠色能夠給人帶來愉悅感，為整個對話奠定友好的感情基調。

　　另外，作為一種冷色調，青綠色還可以讓雙方的談話更加理性，在表達自己的同時也傾聽別人的觀點。

　　如果找不到青綠色的環境，最好也要選一個綠色植物比較多的地方；或者帶一條青綠色的領帶、絲巾或徽章。

拉近與上司距離的色彩祕密

　　身在職場，每個人都要與上司保持良好的關係，這樣不僅有利於工作的開展，對於自己的職業發展也大有好處。如果不能與上司保持和諧的關係，即使自己對工作信心滿滿、熱情十足，在開展工作的時候也會感覺「壓力很大」。在與上司相處的過程中，大家要根據上司不同的性格選擇不同的色彩戰略來拉近距離。

　　如果上司擁有優秀的領導才能，性格開朗熱情，但是有些獨斷專行。這樣的上司比較注重情感，和理性的下屬關係平平。這類上司往往有自戀的傾向，容易和與自己類似的下屬之間產生共鳴。

　　想要得到這種類型的上司的信賴，應該多在衣著上借用紅色的力量，紅色能夠展現出積極熱情的姿態，與上司張揚的性格達成一致，這樣的你更容易獲得對方的重用，事業發展也會變得更加順利。

　　有些上司很容易與客戶打好關係，但面對重大抉擇的時候總是難以拿定主意。面對這樣的上司，除了要忠誠、有責任感之外，你還要具備一定的決斷能力，以此來減輕上

司的壓力。此時最值得推薦的效果色是橙色。

橙色是將使交談變得更加順暢的黃色色彩特徵與能夠提升正面印象的紅色的色彩特徵結合在一起，這種顏色可以讓上司更順利的接受你的意見，還可以提高你領導團隊的能力和解決問題的能力。在搭配時要最好選擇紅色感比較強的鮮橙色調，這樣有利於提高團隊的凝聚力。

如果你的上司是一個遇事沉著冷靜的理性派，此時你最好避免穿著紅色等暖色出現在他的面前。他會覺得這樣的下屬太過招搖，不夠冷靜，不能委以重任。要想獲得理性上司的信任，藍色是最好的選擇，其中以深藍色為最佳。深藍色除了能夠讓自己冷靜的面對外界之外，還是忠誠的代名詞。

理性的上司往往喜歡下屬的工作在自己的掌控之中，所以穿著這種代表忠誠的顏色可以讓上司放心，而且藍色也可以讓自己思維縝密，防止在工作中出現紕漏。

不過，利用色彩來拉近與上司的距離時，沒有必要大面積的使用，全身只需要5%的面積就可以達到目的，繫條領帶或者圍個絲巾就能夠達到效果。

重點歸納

如何拉近與上司的距離

　　如果上司是一個熱情獨斷的人，最好利用紅色力量去接近他，紅色特質與上司張揚的個性非常契合，容易獲得重用。

　　如果上司善於交流但決策力差，可以選擇橙色來讓溝通變得順暢，同時也能提高自己的領導力和解決問題的能力。

　　如果上司是一個理智冷靜的人，最好用代表著理性的藍色去接近他。利用色彩來接近上司的時候，不必大面積使用某種色彩，只需要5％的面積就可以達到目的，領帶或者絲巾就可以達到預期的效果。

深綠色調環境中教導下屬更高效

作為部門的領導人，屬下犯錯是在所難免的。當下屬犯錯誤的時候，作為領導者有責任和義務去明確的指出他的錯誤，並且對他進行有效的指導和教育。

上司在教育下屬的時候要注意掌握一定的技巧。對於上司來說，不分青紅皂白就情緒激動的大發雷霆，宣洩自己的憤怒，很有可能招致下屬的不滿，讓以後的工作更難開展和推廣。但是如果不對下屬的錯誤進行批評和指導，他下次可能會再犯同樣的錯誤，甚至可能會給公司帶來更大的損失。

作為上司，一定要在尊重下屬的基礎上進行教導。首先要瞭解下屬犯錯的原因，然後再有針對性的進行教導。這就需要上司在下屬犯錯的時候先壓住怒氣，聽聽下屬的解釋。

除了掌握教導技巧，合適的環境也能讓你對下屬的教育錦上添花。在教育下屬的時候，最好帶著他到深綠色的環境中去談談心，比如綠植比較多的休息區或者以深綠色為

主的環境中。綠色可以讓人心境平和，而深色則能夠促使人思考，在這樣的環境中，領導可以平靜的對下屬的解釋進行分析，找到他犯錯誤的癥結所在。

對於下屬來說，深綠色環境也有好處。深綠色可以使自身血壓和心跳逐漸變得平緩，犯了錯誤之後的忐忑心情也會變得平靜，能夠更好的分析自己犯錯的原因，並且給自己客觀的評價，既不會推脫責任，也不會苛刻的要求自己。

如果不是因為工作上的事情，而是由於同事之間的人際關係出現問題時，領導要選擇能夠給人帶來沉穩印象的樹葉綠色。

如果下屬是女性的話，為了讓女性的心理得到安慰，最好選擇顏色威嚴感較弱、顏色稍微淡一點的綠色。另外，當找不到綠色的環境進行交談時，領導可以用深綠色來代替，比如淡綠色的襯衫或者深綠色的領帶等等，這些小細節就可以調整自己激動的情緒，緩解對方的緊張感。

不過，如果員工屬於屢教不改的類型，領導的姑息則會害了他們。這樣的員工就不適合使用平靜心情的深綠色了，最好的選擇是給人威嚴感的黑色。

黑色能夠傳達堅定的意志和強烈的信念。如果想要最大限度的發揮黑色的威嚴感，在教導下屬的時候最好一對一進行。這樣既為員工保留了面子和尊嚴，同時也讓能讓員工感受到批評的嚴厲，讓他的內心被領導的嚴厲所震懾。

重點歸納

教導下屬時的環境選擇

　　如果員工只是偶然犯錯，上司可以帶他到綠色植物比較多的休息區，或者深綠色的環境中去聊聊天。綠色不僅可以員工放鬆緊張的心情，同時也能夠讓上司靜下心來聽員工解釋，並分析這解釋是否站得住腳。

　　如果員工屬於屢教不改的類型，上司可以用能夠傳達堅定信念的黑色來教導他們，讓他們內心受到震慑，感受到批評的嚴厲。

灰茶色主調可以讓客戶感受到大器

　　在商場中，業務人員總是免不了要與客戶打交道。如今，幾乎所有的公司都不再把目光局限於公司的辦公室中，而是積極發現更多的場合來開發客戶，溝通情感。不過，做主人和做客人的禮儀可大不一樣，所使用的顏色也有很大的區別。

　　作為商務應酬的主辦方，在接待客人的時候，要讓對方玩得舒心，同時還要讓他們開開心心的接受你的請求，或者愉快的接收到主辦企業向他們發出的合作資訊。

　　要讓客人舒心，主辦方的打扮最好不要太誇張，雖說紅色是一種代表著喜慶的顏色，但是並不適合這樣的場合。為什麼這麼說呢？

　　這是因為在活動當天，要完成的事情很多。比如活動的每個步驟都有自己的時間，不能提前結束也不能拖遝，另外還要確認參加慶典的人的人數、身分和座位。

　　任何一點點疏忽都會讓人感覺很不愉快，所以主辦單位

一定要把活動的每一步都做到盡善盡美。這些事情會讓主辦者的神經時刻處於緊繃狀態，而紅色會讓人的精神過於緊張，紅色帶來的興奮感也可能會讓你忽略一些問題。

此外，滿眼的紅色也容易刺激客人的神經，讓他們變得興奮而易怒，可能會因為一點小事而大發雷霆，相信這一點是雙方誰都不願意看到的。

這樣的場合中，最適合東道主的顏色是乾脆俐落的灰茶色。灰茶色看上去十分樸素，沒有亮點，但是卻能夠給人帶來一種踏實大器的感覺，讓人感覺這個人和這個公司都值得信任。

除了灰茶色，主辦方還可以選擇帶點橙色調的灰色，比如黃褐色或樹皮色。這些顏色稍微亮麗一些，橙色調也能讓你顯得更加親切，有助於讓客戶對公司形成良好的印象。

灰茶色是一種低調的顏色，不適合成為會場的主角，而且這種顏色也不會給人留下深刻的印象。當自己公司做東道主的時候，還是放棄成為主角的想法，老老實實的做好自己的幕後工作才是王道。

重點歸納

灰茶色的穩重大器穿搭法

作為東道主舉辦商務宴會的時候，選擇灰茶色作為主色調的話，可以嘗試以下的穿搭方法。

選擇一套灰色系的西裝，灰色系西裝不僅可以讓人看起來大器穩重，而且可以時刻提醒你在重要場合要謹言慎行。灰色西裝裡面可以搭配白色襯衫，皮鞋選擇穩重又不失時尚的茶色。

為了拉近與客戶的距離，身上可以帶一些橙色調，為了與整體的顏色的協調，帶橙色調的灰色是最好的選擇，比如黃褐色和樹皮色。

參加客戶宴會，巧用黃紅藍留下好印象

與作為東道主招待客戶不同，去參加客戶的宴會似乎要輕鬆許多，不用費心去記很多流程和時間表，也不用照顧到每一個到場的嘉賓，似乎只要自己吃好玩好就可以了。其實，做客人也不是那麼容易的。

首先，去參加客戶舉辦的宴會，你的形象並不僅僅代表自己，而是代表了整個公司的形象。不僅要表現出自己公司的可靠和踏實，還要注意表現出自己的熱情，給客戶留下好印象。

參加商務宴會，要注意根據場合選擇不同的顏色來表現自己公司的優勢和特點。

如果是多個公司都會來參加的派對，想要在這樣的場合中吸引眾人的眼光並且尋找潛在的客戶源，與會員工應該要穿著能夠展現個性和熱情的服裝，讓全場的人都注意到自己的公司，為了達到這樣的目的，大家可以選擇紅色作為焦點色來表現自己。不過需要注意的是，紅色的使用面

積不要過大，否則會顯得輕佻、不穩重。

如果想要展現自己清新爽快的氣質，最好選擇綠松石色調，綠色是一種平衡性很好的顏色，既不會顯得過於呆板，也不會表現得太過活躍。綠色也是一種容易讓人產生好感的顏色，看起來非常平和向上，能夠展現出公司容易溝通和交流的特點，容易得到客戶的好評。如果是比較正式的宴會，可以選擇深藍色作為焦點色，這種顏色可以突出知性氣質，顯示公司的內涵。

如果拿不定主意使用什麼色彩去參加宴會的話，最好的選擇就是黃色。無論是酒會、派對甚至是慈善晚宴，黃色都可以作為焦點顏色來增進溝通。

黃色可以讓初次見面的人感覺到親切，使雙方的會談輕鬆愉快。另外，在這樣的場合千萬不要選擇深黃色，最好選擇明快的蒲公英色來作為焦點色。

重點歸納

不同宴會穿搭色彩選擇

如果是熱鬧的派對，可以選擇紅色作為焦點色來顯示公司的熱情和活力；比較正式的場合適宜選擇平衡性很好的綠色服裝或者體現知性的藍色服裝來出席。不過，受到他人款待的時候，最安全也最受歡迎的顏色就是黃色，無論什麼場合，黃色都不會出格，既可以表現公司樂觀向上的精神，也有助於與客戶的溝通。

初見新客戶，黃綠色為你消除心理距離

　　在商業社會中，會見客戶幾乎是每一個職場人士都要經歷的，那麼如何才能讓初次見面的人快速卸下防備，消除心理距離呢？初次會見新客戶，最重要的就是讓對方從心理上接納你，此時大家要學會巧妙利用被稱為「溝通色」的黃色。

　　黃色是一種明艷的色彩，能夠給人帶來積極向上的感覺，很容易打開對方的心扉，也就是會讓對方產生傾聽的慾望——「這個人看起來挺親切的，不妨聽聽他怎麼說」。除了可以對別人產生影響之外，黃色也可以讓自己的心態變得更加積極。

　　如今的孩子大多數是「獨生子女」，他們往往不知道如何與他人相處，所以很多父母都對孩子的交往能力非常重視，總是帶著孩子到社區公園找同齡的小朋友玩耍。但是很多父母第一次去的時候，也不知道如何加入鄰居們的圈子，這個時候如果你穿著黃色的衣服，比較容易被大家接

受。其實，不妨給你的寶寶也穿上黃色的衣服，讓他更好的融入初次見面的小朋友吧！

在商務場合中，黃色不適合大範圍的使用，此時可以選擇黃色的領帶或者絲巾來做配飾，用配飾來拉近彼此的距離。

除了黃色之外，綠色也是一種能夠與新客戶拉近距離的顏色，不過它更適合初次見面的國際友人。時至今日，海外旅行或者海外出差都已經不是什麼新鮮事了，但是由於不同國家的文化和習俗存在差異，所以對顏色的嗜好和禁忌也不一樣。與國際友人初次見面的時候，最重要的是能夠帶讓對方產生安全感，這可以讓日後的相處更加順暢。

透過對各國禁忌色和安全色的研究，在世界範圍內，綠色是能夠被大多數人接受的顏色。所以會見國際上的新客戶時，大家最好有意識的選擇一些綠色的物品來表達自己的友好，比如綠色的圍巾或者領帶，甚至手機配件等小細節都可以顯示你的友好，這些都告訴別人你不是一個危險的人。當人們在內心認可了你的友好時，你也就邁出了贏得友誼的第一步。

重點歸納

初見新客戶的色彩選擇

黃色能夠縮短人與人之間的心理距離，是會見新客戶的最佳選擇，可以利用黃色的絲巾、領帶來獲得他人的好感。綠色是一種平和的顏色，能夠表現出自己的友好。使用綠色的時候，可以用綠色小面積的提亮自己的服裝色彩，也可以選擇一些綠色的禮品表示自己想要獲得友誼的誠心。

鞏固老客戶，橙色包裝暗示彼此的親近

與開發新客戶相比，拜訪已經擁有合作關係的老客戶會相對輕鬆許多。不過，即使已經建立了合作關係，也不能忽略彼此之間的溝通，有效而頻繁的溝通能夠加深彼此之間的友誼和信賴感。

如果在日常工作中多用心，細緻把握雙方最近的企業動態，甚至是感興趣的八卦新聞，都會為贏得更加穩固的信賴關係打下良好基礎，還有可能成為客戶眼中的關鍵性人物。

當客戶對你表現出好感的時候，不妨送一些小禮物來徹底贏得客戶的心，讓他在開展業務的時候首先想到你。為了構築起這種穩固的信賴關係，橙色的包裝是最好的選擇。

橙色常常被形容為「太陽的顏色」，這種顏色能夠給人帶來溫暖的感覺，可以加深親切感和安全感，可以給別人帶來家人一樣的感覺，這就給客戶一個暗示，告訴他們：我們是很親近的朋友和親人。這種家人般的親密感會讓對

方打從心裡喜歡你，把你看做善良的好心人，而不是只想著做生意的客戶。

對於喜歡與人打成一片的客戶，用橙色包裝紙來包裹禮物是最好的選擇。橙色是黃色和紅色混合在一起形成的，既有黃色具有的交際性，又具備紅色的自信。事實上，橙色的色彩特性與這類客戶的人格特性是重疊在一起的。大概也正是這個原因讓橙色成為贏得這類客戶的最佳色彩。

不過，對於經常跑業務的男士來說，穿著一件橙色的衣服在街上跑來跑去是一件非常難為情的事情，此時我們可以使用分散型「橙色魔法」。

可以選擇一條橙色的領帶，在《哈利波特》中飾演小天狼星布萊克的英國著名影星加里·奧德曼曾經在一套淺咖啡色的西裝中搭配了一條橙色與銀色相間的斜條紋領帶，這一點點橙色就讓他看起來親切溫暖，容易接近。

除了領帶，你也可以使用橙色的手帕或者筆桿，甚至在給對方的企劃書上的關鍵位置做一個橙色的標記都是能夠帶來大收穫的小細節。

重點歸納

橙色包裝顯示親近

　　橙色是太陽的顏色，經常用來傳達親近的感覺。不過，橙色有時候會讓人與廉價聯繫在一起，這就需要橙色與其他顏色進行搭配來充分發揮自己的優勢。

　　橙色作為包裝紙的時候，可以與不同顏色搭配。與白色或黑色搭配顯得穩重、含蓄；與淺綠或淺藍搭配傳達歡樂氣氛；與深藍色相配則充滿潮流感；與紫色的搭配非常亮眼，但又不會給人帶來強勢感覺。

黑色能量，能讓對方受到震懾

　　在銷售商品或者商業談判的過程中，商務人員需要具有很快的反應速度，只有這樣，我們才能針對不同的對手製定出不同的戰術。

　　在銷售中，有一種銷售方法被稱為「強勢銷售法」，當然，這種銷售方法與強買強賣有著本質的區別。強勢銷售法是利用色彩的能量展現出一種傲慢的感覺，讓對方被自己的氣勢震懾，最終完成銷售的過程。

　　雖然強勢銷售並不是銷售的主流，但是銷售物品的時候也不能總是低聲下氣的，偶爾嘗試一下「強勢銷售法」也許能夠取得意想不到的效果。

　　銷售人員往往是透過喋喋不休地向別人推銷完成自己的任務，但是有些自信滿滿甚至咄咄逼人的銷售人員也能取得很好的業績，他們的祕密武器就是色彩，確切地說是黑色。

　　黑色象徵著驕傲、自信和權威，我們可以看到公司的高層召開正式會議的時候，幾乎清一色穿著黑色的西裝，而且我們內心也會覺得這些極具權威性和威嚴感。其實，這就是黑色給我們帶來的心理印象。

　　當你穿著黑色調的衣服進行推銷的時候，人們會感覺
「這個人說的都是對的」，「他說的非常有道理」等想法。
在這樣的推銷中，我們感覺不到東西是對方強加給你的，
我們只會認為他是在單純描述商品的特性，此時消費者的
內心會覺得他對這件商品有著超乎尋常的自信，不妨買回
來試一下。

　　在商務談判中，如果對方遲遲不肯接受自己提出的條
件，或者有意拖拖拉拉不願簽字，此時不妨一改往日那種
低聲下氣有求於人的形象，試試穿上黑色的服裝去談判，
甚至領帶也要選擇以黑色為主色調的顏色，這會給對方帶
來心理壓力，如果意志不是足夠堅強的話，他們所派來的
談判者極有可能「繳械投降」。

　　不過，領帶也不能完全是黑色，可以選擇黑底帶紅色的
領帶，這兩種顏色搭配最能體現出「獨一無二」的特性，
能夠製造出特別的感覺。此時什麼都不必說，對方就已經
明白了你的心思。

　　不過，強勢銷售這種方法不可多用，否則會讓人感覺厭
煩，也就失去了震懾人心的作用，最終結果很可能得不償失。

重點歸納

震撼心靈的「黑色銷售」

　　黑色是表現威嚴的顏色，在黑色力量的幫助下，旁人會信服你說的一切，認同你的銷售行為。在商務談判中，黑色還被用來做談判中的「最後一擊」，用黑色給對方帶來心理壓力的方式逼對方接受自己的條件。

　　不過，這種震懾法不能經常使用，否則會讓人對心靈的震懾產生免疫力，久而久之，這種方法也就失效了。

為交流添「彩」的配飾巧思

　　色彩是人際交往中進行交流的暗語，不同的顏色代表著自己不同的心情，同時也能夠對別人的心理產生影響。一般來說，除了大面積使用的色彩能夠對人產生影響之外，那些不經意間露出的小配飾在人際交往中也能夠起到很大的作用。

　　所謂「配飾」就是整體搭配中的配角，能起到畫龍點睛的作用，因此面積不會多大，通常以包包、絲巾、鞋子、領帶以及首飾等形式出現。日本、韓國以及法國的女人是最擅長用配飾來展現自己的。

　　既然配飾同樣是一種人際交流中的暗語，那麼最重要的一個作用就是讓別人瞭解你的個性，所以在考慮配飾的顏色之前，我們首先要找到最適合自己氣質和性格的飾品，不要盲目追求新奇的效果。

　　確定了自己的配飾風格之後，我們就要考慮配飾的顏色了。如何根據身上的主色調來選擇配飾呢？可依循以下幾個原則：

一、**全身色彩以三色為宜**。當你對自己的風格不是很確定的時候，全身的顏色，包括配飾在內最好不要超過三種，這樣的搭配即使不會讓你十分顯眼，但是也不會出錯。一般來說，身上的顏色越少，越能體現優雅的氣質，還能夠給別人留下清晰而深刻的印象。當你能夠清晰瞭解自己的風格之後，我們可以嘗試使用更多的色彩，但是在這之前，還是老老實實地遵守「三色法則」吧！

二、**色彩搭配的面積比例**。全身的服飾色彩搭配比例最好避免1：1，尤其是對比色，最好的比例是3：2或者5：3。

三、**主色調搭配法**：如果主色調選擇了能給人帶來華麗、成熟印象的暖色，配飾可以選擇適合與這些暖色相搭配的顏色主要是無彩色系──黑色、白色、灰色。除了這些顏色之外，駝色、棕色或者咖啡色也是很好的選擇。如果選用冷色為主色調，最好的配飾搭配就是無彩色。

四、**漸變色搭配法**：如果只選用一種顏色，可以利用不同的明暗來搭配，讓配飾成為其中的一個層次，這樣就會形成和諧的韻律感；如果選用不同的顏色，相同的色調，同樣可以搭配出和諧的美感。

需要注意的是，帽子、首飾等配飾還需要與臉型以及膚色相搭配，這些配飾還要根據場合的差別進行選擇。

重點歸納

主色、輔助色和焦點色

　　分清主色、輔助色和焦點色是進階為色彩搭配高手的必經之路。主色是指占全身色彩面積最多的顏色，一般是指占全身色彩面積的60％以上的顏色，主色通常是大衣、風衣、套裝、褲裙等的顏色。

　　輔助色是指與主色搭配的顏色，一般占全身面積的40％左右，通常是單件的背心、襯衫、上衣、外套等。

　　焦點色是只占全身色彩面積的5％左右的顏色，它們通常是配飾的顏色，包括絲巾、鞋、包、飾品等，能起到畫龍點睛的作用。

簽署合同，藍色桌布讓彼此信任

　　合同是商業交往中一項非常重要的手段，它規定了商業行為中雙方各自的義務和權利，也是日後維護自己權益的重要證據。可以說沒有合同就不能順利有效的開展商務活動，透過合同當事雙方可以將雙方都認可的意見落在筆端，以類似法律的形式強制雙方履行自己的義務。如果對方某一項條款沒有得到落實，可能就會影響公司的效益；如果自己忘記了履行某項義務，也有可能會被對方告上法庭，承擔違約的後果。

　　正是由於合同的重要性，所以很多人在簽合同的時候總是戰戰兢兢，生怕自己某一項條款沒有認真閱讀，為自己公司帶來損失。要想保證合同內容萬無一失，就必須遠離戰戰兢兢的狀態，以冷靜的心態去認真閱讀每一項條款，向對方確認自己無法準確理解的部分。那麼如何才能在如此緊張的時刻保持冷靜理性呢？

　　能夠在這種場合發揮出積極效力的就是藍色。左腦是大

腦中負責數字和理性分析的場所,而藍色能夠讓左腦變得活躍,對我們有效整理和確認合同上的數字和文字有著積極的作用,在理性的簽約場合十分合適。同時,藍色所具有的能量還能夠幫助我們緩解緊張的情緒,透過冷靜觀察和縝密的思考來確認合同是否與當初談妥的條件一致。

如果條件允許,簽約雙方可以選擇一個以藍色調為主的場合舉行簽約儀式;沒有這樣的條件,最好也在桌子上鋪上一層藍色的桌布來幫助彼此緩解緊張情緒。其中,接近藍紫色的顏色對於緩解緊張情緒的效果非常明顯。其實,藍色的鎮靜效果非常明顯,哪怕只是在簽約前幾分鐘看一看藍色的物品,也有助於我們平復心情。還是擔心自己會出紕漏的話,不妨穿上層次不同的藍色去簽約吧,相信藍色的力量一定能夠讓你沉穩冷靜的完成簽約過程。

重點歸納

簽約時的色彩環境

簽訂合同是非常嚴肅的一件事。作為公司代表的人通常會很緊張,生怕因為漏了某項條款而給公司帶來損失。需要平靜心情,並且逐條去理解條款的內容時最好選擇藍色。藍色不僅能夠平靜心緒,還能提高對文字和數字的敏感性,更好的理解條款內容,防止出現紕漏。以藍色為主色調的房間是最適合簽約的,鋪一塊藍色桌布也能起到相同的作用,如果這樣的條件也沒有,藍色的筆或紙張也有助於穩定心情。

約會最好選擇米色系店，避免鮮艷速食店

　　與戀人約會是一件令人愉快的事情，時尚的裝扮，甜蜜的心情，可千萬不要被約會地點毀掉雙方的感覺。

　　由於肯德基、麥當勞等速食店來自國外，有人會認為這是一種新鮮的體驗，環境熱鬧，能夠調動起彼此的熱情，是一個適合約會的地方。你如果這樣想的話，那可就錯了。戀人間的約會就是要靜靜的談些知心話，說些甜言蜜語才能夠讓人感覺心情愉悅。但是速食店的裝潢多數以黃色和紅色為主，這雖然是讓人心情愉悅的兩種顏色，同時還能夠調動起人的興奮感，有增進食慾的作用。

　　但是這兩種顏色不僅會使約會的兩個人心情興奮，周圍的其他人也處於興高采烈的狀態，這就會使周圍的環境顯得十分嘈雜，不利於雙方溝通感情，如果在這樣的環境中約會，其中一個人遲到的話，會讓另外一個人變得非常煩躁，這是因為紅黃環境會讓人感覺時間過得很慢。即使只遲到了幾分鐘，等待的人也會覺得過了很久。

當然，如果兩個人都很熟悉而且兩個人都喜歡熱鬧的環境以及某種速食的味道，那麼約在速食店也是一種不錯的選擇。

但是如果還是處於剛剛開始約會的狀態，彼此處於互相瞭解階段，那麼最好還是避開速食店吧！嘈雜的環境和紅黃的色彩力量會讓人感到更加緊張，難以充分而自然的展現自己的魅力。

實際上，剛剛開始約會的話，內部裝飾為米色系的店鋪是最好的選擇。米色是一種柔和的中間色，能夠有效的緩解緊張感，讓雙方都在舒心的氛圍中度過。如果店鋪選用了柔和的白熾燈光，桌椅是茶色，並且帶著木紋的裝飾，這樣的環境最能烘托自然輕鬆的氣氛，讓兩個人能夠自在的交談，彼此會產生一見如故的感覺。

如果雙方已經有一定的瞭解，想要對女性朋友表白，一定要根據對方的性格選擇適當的環境表白。大多數女性都是比較含蓄的，最好選擇安靜舒適的場所，周圍最好沒有嘈雜的聲音。

淡淡的米色環境、淡粉色環境都是很好的選擇，這樣的環境中女性心情放鬆，感情就會變得活躍，男性可以選擇這樣的時機顯示自己的心意。

另外，封閉的環境會令女性產生不安的感覺，此時也容易接受別人的愛意，所以在摩天輪的封閉纜車上表白的成功率也很高。如果這纜車還具有淡顏色的環境以及安靜的

氛圍，這個表白一定會讓她終生難忘。

重點歸納

約會初期的環境選擇

　　約會初期最重要的就是了解彼此的人生觀等，靜靜的說些知心話和甜言蜜語才能讓人的感情更進一層。但是以紅色、黃色為主色調的速食店可營造不出安靜的氣氛，所以並不適合約會。

　　約會初期最好選擇米色系的店鋪。米色比較柔和，能緩解緊張感，讓雙方都在舒心的氛圍中度過。如果沒有找到這樣的店鋪，能夠讓心情平靜的冷色調咖啡廳也是不錯的選擇。

冷色系店鋪讓心沉靜，取得原諒更容易

在戀愛中犯了錯誤，想要求取原諒，以冷色為主色調的店鋪是最好的選擇，在這樣的環境中最容易取得他人的原諒。

自己犯了錯誤之後，對方一定會很生氣，如果情緒失控就可能會提出分手，出現不可挽回的局面，所以犯了錯誤之後應該及時向另一方道歉。這個時候，道歉地點的選擇是非常重要的。

也許有人會說：「只要我道歉的時候滿懷誠意不就好了嗎？環境有什麼重要的？」這麼想就大錯特錯了，如果你選擇了一家以紅色為主色調的店鋪作為道歉地點，結果不但不能盡如人意，甚至可能出現完全相反的結果。

因為紅色等暖色能夠刺激人的情緒，讓高興的人更高興，當然，如果是憤怒的人進入這樣的環境，它同樣能夠加強這種憤怒的感覺，所以道歉極有可能失敗。同樣道理，橙色、黃色等以溫暖的顏色為主色調的地方也不適合作為道歉的場合。

冷色系色彩能夠減緩血液循環，讓人激動的情緒平靜下來，是比較適合道歉的顏色。在冷色系顏色中，藍色是最好的選擇，藍色可以讓人心情平靜，也讓人的理性思維得到加強，可以耐心聽道歉者的解釋。

對於道歉者來說，藍色可以讓思維清晰，這樣道歉的時候就不會因為詞不達意而再次激怒對方。當然，由於藍色加強了理性思維，所以如果道歉的人不是誠心誠意的道歉，而只是走個形式的話也是很容易暴露的。

藍色可以讓人理智，綠色可以讓人平和，所以道歉時的最佳環境就是以藍色為主色調又有很多綠色觀賞植物圍繞的店鋪。想要道歉效果良好，誠意很重要，但是也別讓錯誤的環境色彩扯了誠意的後腿。

重點歸納

冷色系店鋪是道歉最佳場合

冷色系可以減緩血液循環，平復人的心情，這樣可以更好地聽取道歉人的解釋；冷色系也可以安撫道歉人的心理，讓他們能夠準確的表達自己的歉意，減少由於緊張引起的詞不達意的現象。

在冷色系中最好的道歉環境是藍色系環境，如果周圍還有綠色的觀賞植物環繞，表達歉意的效果更佳。

色彩萬花筒：
什麼顏色會讓人看起來病懨懨

有些人有時候會感到身體不適，但是外表看起來又不是很明顯，就只能繼續工作而不好意思申請病假。其實，這個時候，你可以巧妙的使用一下「色彩暗語」，告訴別人你生病了。

你可以試著用顏色來讓自己的病情更明顯，以便請病假休息。珍珠灰色就能夠幫助我們打造病懨懨的樣子。如果在臉周圍或者上半身使用這種顏色，臉色就會看起來很蒼白，適合帶病工作的時候使用。當有燈光打到臉上的時候，這種病懨懨的狀態會更加明顯。同時，珍珠灰色象徵著誠實和坦白，因此更容易博得周圍人的同情心。

請了病假後的第二天，如果想要展現大病初癒的柔弱，可以嘗試帶些紅色調的淺綠色；如果想要展示自己「東山再起」的霸氣，則可以用黑色來展示自己堅強幹練的一面。

Part **7**

裝飾色彩的
心理控制術

米色大廳，讓公司更具知性美

　　米色是界於駝色和白色之間的顏色。它兼具駝色的優雅大氣和白色的純淨浪漫，是一種充滿知性美的顏色。

　　米色經常應用於服裝中，適合知性優雅的都市女性。一些大品牌的服裝款式常常只有兩種顏色，一種是米色，另一種是灰色，兩者都具有含蓄內斂的都市氣息，不同之處在於灰色偏冷，米色偏暖。

　　在面積比較大的公司裝修中，米色同樣可以打造出知性的效果，展現出公司的等級。公司裝修中，白色太聖潔，而且大面積的白色會讓人緊張；深色太沉重，會讓客戶或員工感到沮喪。如果用太鮮艷的大紅大綠，又會讓公司顯得俗氣，所以最好的選擇就是知性與高貴並存的米色。

　　米色幾乎可以和任何色彩搭配在一起，甚至包括跳躍的紅色、黃色和綠色。在公司的裝修中，米色這種柔和的基本色可以以最低的數量發揮自己強大的搭配功力。

　　從心理學的角度來講，米色也是最好的選擇，因為米色最接近木材的原色，透過合理的搭配能夠給人帶來身處大自然之中的舒適感覺，如果用看起來新鮮的顏色。比如紫

色、紅色等，雖然乍看起來還算時尚，但是長期身處其中就會加重工作時候的疲憊感。

米色加上原色的桌椅，能夠營造出如同室外一般的開放的空間感。在辦公區域，最好不要有花俏累贅的設計，最簡潔的就是舒適的。長期在這樣的環境中工作，能夠產生一種水墨畫般的簡潔舒適感，讓人心情放鬆，可以全身心地投入工作中，而不必被周圍的環境色彩打擾。

不過，米色也有一些搭配禁忌。因為米色具有乾淨、含蓄的氣質，所以與米色的搭配最好也具有同樣的氣質，不要有過於複雜的花紋和圖案，否則會讓圖案看起來很突兀，缺乏整體感。

重點歸納
展現知性美的米色

米色是最接近原木色彩的顏色，同時也是視覺感覺最放鬆的顏色之一。在時尚行業，米色代表了知性和高貴，用於公司的裝修可以提高公司的等級。

雖然米色可以與絕大多數顏色搭配，甚至包括大紅大紫，但是它只適合與單色相配。米色作為裝修的主色調時，最好不要與具有複雜花紋或圖案的材料搭配，這樣做會破壞米色簡潔高貴的氣質。

綴上點點紅色，顯示公司活力

雖然米色可以顯示公司的高貴和知性，但是只有米色未免太過單調，在空間裡添加一些其他顏色的成分，會讓整個公司充滿活力。

展現活力的最佳色彩就是紅色。在中國，紅色還是喜慶色，也是好運色，想要提升空間的好運氣場，紅色也是最好的選擇。那麼我們該如何使用紅色才能使它讓公司充滿活力，同時又不會喧賓奪主呢？最好的方法就是透過局部的點綴來裝飾辦公空間。此時紅色雖然沒有充滿整個空間，但是幾乎每個角落它都是最亮眼的一筆。

大家可以加一些紅色元素來讓辦公空間充滿現代感，紅色椅子或者其他新鮮別緻的紅色裝飾都是很好的選擇。比如紅色的靠枕、坐墊、擺件等。此外，公司也可以選擇紅色的電話，既是公司的聯繫方式，也是很好的裝飾物品。

其實，想要讓空間點綴紅色方法有很多，只要多動腦筋就可以獲得很好的效果。我們可以列印一些紅色字體的文稿，把它們貼在牆面上。不整齊也沒有關係，有時候不規則反而會增加裝飾的吸引力。另外，如果員工不用紅色的

椅子，可以用紅色的紙張來包裹椅子腿，或者在公司的窗簾上綴上一個紅色的中國結等，都能起到很好的調節作用。這些都是利用紅色提升空間活力的好方法。

雖然紅色的面積不大，但是起到的作用卻不小。因為紅色在加速血液循環、提高新陳代謝速率方面具有很明顯的效果，只要一小部分，就可以讓人感到充滿活力和激情。正是由於紅色具有強大的刺激效果，所以公司的裝修不適合大面積使用紅色。

此外，紅色的點綴物也可以讓來到公司的客戶感受到公司的活力，從而對雙方的合作更有信心。

重點歸納

顯示活力的紅色

紅色是能夠帶來激情的顏色，只要一點紅色點綴就可以讓整個空間充滿活力。由於紅色提高血液循環的能力非常強，所以最好不要大面積使用，只作為局部點綴來裝飾辦公空間。

紅色的裝飾除了能夠讓公司的員工做事充滿熱情之外，還可以讓來訪的客戶感受到公司的活力，進而對雙方的合作更具信心。

客戶會客室最好裝飾一些黃色花

　　會見客戶的時候最怕出現冷場，這會讓原本就不熟悉的雙方陷入尷尬的境地，更為嚴重的是，如果客戶因此而懷疑自己公司的工作能力，那就更加得不償失了。所以我們不妨在客戶會客室裝飾一些能夠調節氣氛的飾品，黃色的花就是不錯的選擇。

　　黃色是象徵著光芒的顏色，是光明、活力和希望的代名詞。會客室裝點上一些黃色的花朵，客戶到來時就可以感受到公司積極向上的氣氛，同時也能感覺到這個公司員工的樂觀精神。

　　從心理學角度來講，黃色是一種歡快的顏色，能夠促進彼此間的交流，讓會見雙方覺得感情很近。曾經有科學家做過這樣一個實驗，實驗組織者讓同一個人分別穿上黃色和黑色的襯衫拍照，然後讓參加實驗的人選出比較有好感，看起來容易溝通的人。實驗結果顯示，幾乎所有的人都認為穿黃色衣服的人看上去更容易交談。

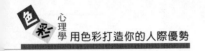

　　這證明了黃色能夠縮短人與人之間的心理距離，如果想讓到來的客人感覺到主人般的自在隨意，不妨選擇黃色讓客人感覺親切自然吧！

　　此外，黃色還可以提高溝通能力，能夠讓交談雙方更加準確地表達自己的觀點，這可以讓溝通更加順暢，不僅能夠給客戶帶來愉悅的心情，也可以促進合作的順利開展。

　　但是有一點需要強調，大面積的黃色並不適合商業場合，它會給人帶來煩躁感。最好的方法就是選擇一些黃色裝飾品來點綴周圍的環境。擺放在談判桌上的黃色花朵就是很好的裝飾品，它既具有黃色帶來的心理效果，還能讓來訪者感受到自然的美感。

重點歸納

黃色可以拉近合作雙方距離

　　黃色給人帶來的心理感覺是「樂觀向上」和「容易溝通」，這兩點在商業合作中是非常重要的。不過黃色不適合大面積使用，否則會引起煩躁，所以點綴一些黃色飾物是最好的選擇。

　　在會客室可以放置一些黃色花朵，既可以利用其中的黃色來拉近彼此距離，促進溝通，也可以讓來訪者感受到花朵帶來的自然美感，可以起到放鬆心情的作用。

會議室添點「綠」可以讓會議更順利

　　在商業社會，幾乎所有的決策都是透過會議上的表決做出的，從某種意義上來說，會場有時候就是「戰場」。

　　會議的主要目的就是讓很多人把自己的意見和建議進行交換和碰撞，希望能夠找到解決問題的最佳方案，總之，會議就是一個提出想法，然後把這些想法匯總之後得到一個新想法的過程。不過，有時候由於參加會議的人過多，往往很難得到一致的意見，會議沒有取得建設性意見或者無法達成共識的情形也時常出現。

　　這種情況雖然很正常，但與會人員可能會由於無盡的爭論而變得疲憊或者焦躁不安，這樣很容易就會出現互相駁斥的激烈場面，甚至影響會議的順利進行。

　　會議中，首先要做的是聽取別人的意見，不管是什麼樣的意見都應該心平氣和地聽完，為了達到這樣一種目的，最好在辦公室添加一點綠色。

　　人的心情與生理反應是有關係的。當心理上出現不滿的

情緒，身體就會出現血壓升高、心跳加速的情況。產生這些生理反應之後，人就很難平靜下來，也很難對別人的意見和建議進行冷靜的判斷。

而綠色具有平穩血壓、心跳和呼吸的作用，在會議室添加一些綠色，與會人員會在不知不覺中受到綠色的影響，身心都會變得更加穩定平和。如果心境平和，我們就可以很好地聽取和分析對方的意見了。實驗顯示，如果在辦公室添加20%的綠色觀賞植物，會議會進行得更加順利。

會議室應該避免大面積使用「紅色」或「橙色」這樣的暖色，這樣的顏色會讓氣氛變得很緊張。兩個人意見相左，這本身就不是一件讓人愉快的事情，此時再加上紅色或橙色的刺激，人們的腎上腺素分泌就會增加，就變得更容易發脾氣，讓整個會場陷入尷尬中。

另外，純白色的牆壁也會影響大腦，引起視覺疲勞，造成情緒焦躁，所以把純白色的牆壁塗抹成米白色也有利於會議的順利進行。

日本一位色彩專家曾經做過一個「會議室範本」，這個範本被稱為「最理想的會議室」，坐在裡面開會的員工都表示自己在這樣的會議室中心情很好，開會時間再長也不會覺得疲勞。

最理想的會議室是這樣的：會議室的牆壁是米色的，桌子則是能夠給人帶來踏實感覺的茶色桌椅，上面還有自然的木紋；椅子是讓人心情愉快的綠色；桌面上以及室內的

角落都擺放著讓人放鬆的觀賞植物。雖然暖色不能大面積使用，但是稍稍點綴一些黃色和紅色為主的等鮮艷色彩為主色調的畫作可以起到調節氣氛的正面作用。

重點歸納

綠色讓會議少點枯燥

在會議室中添加一點綠色，可以平靜人的心緒，讓與會者不會感到煩躁。討論問題的時候人們難免會變得急躁，而藍色也可以讓人平和，可以更好地聽取別人的意見。

如果不知道如何裝飾會議室，可以參考日本的理想會議室範本。

色彩完美搭配，讓「宅生活」變得舒適

　　快節奏的生活、過大的壓力，常常會讓都市人群感到心力交瘁。色彩學家證明：不同的色彩會對人的心理產生不同的影響，如果色彩選擇得當，甚至可以改變人的健康狀態。如果能夠選擇合適的色彩來裝飾自己的「小窩」，就可以讓生活變得更舒適，健康狀況也會得到改善，這樣工作時候的動力也就更充足了。

　　25歲左右的人剛剛步入社會不久，浮躁的社會和張揚的個性可能會讓他們吃足苦頭，這些人不妨使用銀灰色和米白色等偏冷的色調來裝飾自己的小屋。

　　冷色調可以幫助他們變得冷靜，讓性格中浮躁和不安的一面慢慢消失。這樣的裝修中，銀灰和米白可以作為主色調，再用冷色調處理傢俱、沙發、背景牆等地方，這會讓家裡看起來乾淨又雅致。如果覺得這樣的裝修太冷清，可

以選擇暖色的窗簾和臥具來調和居室中的冷色調。

　　35歲左右的人處於人生中壓力最大的階段，他們中的絕大多數人都處於亞健康狀態，有些人還得了抑鬱症，所以淡藍色、淡綠色以及淡粉色等讓身心放鬆的顏色是最好的選擇，這些顏色能夠給這類人帶來希望，重新燃起他們的激情。不過這幾種顏色不適合大面積使用，最好選擇白色或米色作為背景色，鮮艷的顏色則用在傢俱、布藝等方面。這種色彩的跳躍性搭配可以讓人感到心情愉悅。

　　老年人的室內裝修適合選擇具有安全感的顏色，比如暗紅、棕黃等等。不過，稍顯暗沉的顏色會損害老年人的心理，所以可以在室內裝修中添加桃紅、紫色等時尚的顏色來滿足老年人追求時尚的願望。由於主色調沉穩厚重，所以傢俱和窗簾布藝最好選擇素色，避免碎花和複雜的圖案。

重點歸納

合理選擇家居裝修色彩

　　不同的色彩對心理有不同的影響，不同的年齡層也對家居色彩有不同的訴求，所以最好根據屋主的年齡來選擇家居色彩方案。剛剛步入社會的年輕人內心浮躁，最好選擇冷色調讓心靈冷靜；對於35歲左右的中年人來說，壓力最大，家庭居室內最好裝點一些放鬆心情的淡藍色、淡綠色；老年人的居室中一定要展現安全感，同時增添一些時尚顏色，讓老年人保持年輕的心態。

淡色系讓臥室充滿幸福感

　　臥室是睡覺休息的地方，因此最好不要出現濃重的色彩，最好以淡色系為主，讓整個臥室充滿著淡淡的溫馨感，這種溫馨可以讓人感受到無限的幸福。臥室裡最好不要使用太多的紅色和黑色，這兩種顏色容易引人生氣，衝動行事，可能會引發夫妻間的口角，對身心健康都不利。

　　粉紅色是很多女孩子喜歡的顏色，很多新婚夫婦也喜歡使用粉紅色來製造浪漫氣氛。不過大面積的粉紅色會讓人一直處於亢奮狀態，心情煩躁。

　　長時間處於這樣的環境中容易莫名其妙地生氣，夫妻之間會經常拌嘴，影響感情。如果一定要使用粉紅色，建議還是讓粉紅色作為居室裝飾物的點綴色出現，如窗簾、地毯等。

　　臥室是休息的地方，最好選擇那些能夠讓人鎮定、心態平和的顏色。很多人都喜歡在臥室裡面鋪設木地板，這是很好的選擇，原色的木材是自然的色彩，可以讓人心境平和，讓夫妻關係穩定。

　　綠色也是不錯的選擇，它可以放鬆人的身心，讓我們獲

得更好更舒適的睡眠。同樣的道理，藍色作為臥室顏色也很合適，也可以與綠色搭配使用，不過需要注意的是最好選擇淡淡的藍綠色，不要太深，否則會讓人感到寒冷。

除了讓人放鬆的藍綠色，能夠帶來愉悅感的橙色和黃色也是人們經常選擇的臥室顏色。不過橙色容易讓人興奮，不宜大面積使用，可以利用橘色小燈、小地毯或者靠墊等來調亮色彩。如果想要把橙色和黃色作為臥室的主色調，一定要注意顏色的深淺，只有淡淡的顏色才能給居住其間的人帶來溫馨平靜的感覺。

總之，臥室最重要的就是要展現溫馨感，不管是讓人放鬆的冷色調，還是讓人快樂的暖色調，都要選擇淡色調的顏色。只有淡色調，才能讓整個空間充滿淡淡的幸福味道。

重點歸納

臥室的色彩搭配

臥室是休息的地方，所以最好不要出現能夠引起心情波動的濃重色彩，最好以淡色系為主，讓整個空間充滿溫馨和幸福。

適合臥室的淡色系主要有綠色、藍色，原木色彩也是很好的選擇。需要注意的是最好不要大面積使用粉色，這樣容易引起煩躁，影響夫妻關係，粉色最好作為點綴色出現。

暖色調的餐廳，讓你食慾大開

前面提到，很多餐飲店喜歡用大紅色做招牌來吸引過往行人的注意，但是這種顏色並不適用於家中的餐廳。紅色是一種能夠促進食慾的顏色，但是它會加速血液循環，長時間處於這樣的環境中會讓人心情煩躁，所以並不是適合家庭中的餐廳使用。

雖然餐廳不適合紅色，但是也不適合用冷色系色彩來裝修。冷色可以起到鎮靜安神的作用，它們的所特有的清新淡雅與水果搭配起來非常好看，不過卻不適合用在餐廳中。

在冷色的映襯下，食物看起來不新鮮，人的食慾會因此受到影響。這樣的情況如果長期存在，人的身體健康就會受到影響。同樣的道理，在餐廳中裝日光燈或者藍色的情調燈也會影響食慾。

那麼，最適合餐廳的顏色是那些顏色呢？餐廳的主色調除了要考慮整體效果外，還要考慮餐廳的使用功能和美化效果。

一般來講，用餐環境應該比睡眠環境和學習環境輕鬆一些，最好營造出一種溫馨的氣氛，讓全家人透過用餐感覺

到家庭的凝聚力。

餐廳的最佳選擇是黃色系，包括橙色和黃色。如果在其中點綴一點點紅色，可以更好地襯托出食物的美味，刺激食慾。這些色彩都能刺激食慾，不僅能帶來溫馨感，還能提高進餐者的興致，促進情感交流。當然，在不同的時間和心理狀態下，我們也可以利用燈光效果來調節餐廳的色彩氣氛。

黃色除了可以和紅色搭配，還可以與綠色搭配出輕鬆感，綠色給人友好、真摯的感覺，也可以用明亮的暖綠色來讓人感到生機和希望。黃色與米色搭配則給人柔和的感覺，非常適合餐廳的氣氛，在這樣的環境中進食，可以增加食慾。在與人體膚色接近的黃色環境中進食，能夠讓人感到親切，增添悠閒的氣氛。

重點歸納

餐廳的色彩搭配

與學習環境和睡眠環境相比，餐廳環境要突出歡樂祥和的氣氛，所以不適合用冷色來作為主色調。另外，冷色也會讓食物看起來不吸引人，影響食慾。

餐廳最好選擇歡快的黃色系及其鄰近色來作為主色調，搭配少量紅色，能夠很好地刺激食慾。黃色搭配綠色或者米色也是不錯的選擇，能夠提高進餐者的興致，在胃口大開的同時增進彼此的感情。

深藍色的書房，讓你學會思考

　　一般來說，書房的面積不會很大，裝修也不會很奢華，但是很多人卻把自己家的書房看成是家裡面最重要的地方，因為他們可以在這裡卸掉自己的壓力，平靜自己的心情，為未來做出更好的打算。

　　根據書房的作用，我們需要能夠使心情平靜的顏色來作為書房的主色調，能夠起到這種作用的非冷色調莫屬。

　　藍色是平靜心緒的佼佼者，裝修時可以用藍色烘托出書房寧靜的氣氛，它還可以給人乾淨俐落的感覺，深藍色可以作為搭配色出現，因為深藍色過多的話會給人帶來壓抑感，讓人感到憂鬱。

　　除了藍色，綠色系色彩也是書房很好的裝飾色。綠色可以起到穩定情緒的作用，有利於工作和學習。書房可以放置一些綠色的植物，除了增添充滿生機的美感，在這樣的環境中聊天也可以改善人際關係。

　　如果覺得藍色和綠色給人的感覺過冷的話，我們還可以在書房點綴一些暖色增添空間的平衡感。藍綠色環境中點綴紅色，可以讓人聯想到春天的花草，能夠讓人感受到希

望和樂觀。其間點綴些黃色也可以很好地調節居室氣氛，不過黃色或橙色不宜大面積使用，否則會影響人的心緒和活力。淺淺的黃色與藍綠色搭配則可以營造細膩平和的感覺，比較適合書房整體的氛圍。書房的窗簾透光性一定要好，這可以讓人心情平穩，有利於工作和學習。書房中的其他布藝也最好選擇淡雅的顏色為宜。

書房裝修的時候一定要以冷色系為主，可以在期間點綴一些紅色、黃色等暖色增添色彩的跳躍感，防止長期處於冷色環境中心情變得抑鬱。

重點歸納

書房的色彩搭配

書房是引人思考和平靜心緒地方，所以書房的主色調應該以冷色為主。藍色和綠色是很好的選擇。不過，僅有藍色和綠色很容易讓人感覺到冷清，在其中點綴一些暖色可以起到調節書房氛圍的感覺。

米色系窗簾可以放鬆身心，趕走疲憊

　　完成了一天的工作回到家中或者是進行了大量的運動之後，身體會感覺到無比的疲憊，此時能夠泡個熱水澡或者美美地睡上一覺是恢復活力的最好辦法。如果想要加快恢復活力的速度，可以使用色彩對心理的影響來趕走疲憊。

　　如果是肌肉酸痛引起的疲勞，可以利用米色系來緩解肌肉緊張，放鬆身心，米色緩解肩痛的效果尤其明顯。同時，由於米色與皮膚顏色相近，所以它會給人帶來親切感，這種感覺讓身體倍感舒適，心情也會因此得到放鬆。米色在不知不覺中就可以對身體和心理產生安慰作用，讓精神和肉體都得到放鬆，進而幫助生活在其間的人慢慢恢復到健康狀態。

　　如果工作需要長時間的站立或者運動，比如售貨員或者銷售人員，建議整個臥室或者休息空間的裝修都以米色為主，一回到家身體就會進入放鬆狀態，可以快速恢復健康；如果只是有時候參加運動或者部分時間的工作需要活動，

可以選擇米色的窗簾來放鬆身心，而不必把整個空間都裝修成米色。

除了在房間中使用米色裝修或者裝飾物之外，還可以透過原木的裝飾來給人帶來自然的溫暖的感覺。除了裝修之外，燈光的選擇上也要儘量避免日光燈等帶有藍色調的光源，最好選擇泛著黃光的白熾燈，這些都可以幫助身心放鬆舒緩。

重點歸納

放鬆身心的米色系

如果工作總是需要運動和站立，最好選擇能夠有效緩解肌肉酸痛的米色系來裝飾房間。米色系接近皮膚顏色，能夠讓人產生親切感，快速恢復活力。

如果不喜歡把整個房間裝飾成米色，米色系的窗簾也可以起到緩解作用。要注意的是，這樣的環境中最好避免日光燈，而選擇能夠散發黃色燈光的白熾燈。

治癒系的黃綠色，加速擺脫失戀痛苦

　　處於戀愛中的人總是感覺幸福甜蜜，而失戀的人，不管錯誤的一方是誰，心情總是落到谷底，對任何事情都提不起精神，也不願意見到任何人，更別提出門與人玩樂。

　　失戀的人喜歡把自己藏在別人找不到的角落，只想讓時間來治療傷痛，祈禱自己能夠早些走出失戀的狀態，重新振作起來。其實，如果你不想利用出門會友來忘記過去，那麼可以採用色彩療法來治療心傷。正確的色彩選擇，能夠幫你早日走出痛苦，迎接新的愛情。

　　那什麼樣的顏色有助於擺脫失戀的痛苦呢？能夠平靜心情的綠色和讓人快樂開心的黃色是最好的選擇。黃色能夠促進身體的新陳代謝，給心靈帶來愉悅感，可以讓人更積極地去面對生活，迅速地擺脫生活中的痛苦。

　　但是黃色是一種非常亮麗的暖色，所以也可能使失戀的人受到刺激，更加痛不慾生，所以不適合剛剛失戀的人，更加適合已經自我調節過一段時間的失戀者。

　　建議剛剛失戀的人選擇具有治療和緩和作用的綠色。綠色能夠平衡心情，讓心靈煥發生機，最適合在轉換情緒的時候使用。而且綠色是一種中性的顏色，不會刺激失戀者的心靈，這可以幫助失戀的人平穩度過最初的痛苦時期。

　　對於不願出門的失戀者來說，最好的房間色調就是黃色和綠色。可以選擇綠色的窗簾、床單和被罩，而面積比較小的枕套可以選擇黃色，這樣既可以幫助失戀者平靜地接受現實，也不會受到黃色的強烈刺激，可以加快自己走出心情低谷的速度。

重點歸納

失戀者的色彩療傷法

　　失戀的人可以利用讓人平靜的綠色度過最初的痛苦期。綠色可以幫助自己緩和心情，讓心靈充滿希望，適合在轉換情緒的時候使用。

　　度過最痛苦的失戀初期之後，可以選擇能夠給心靈帶來愉悅感的黃色來獲得更積極的人生態度，迅速擺脫痛苦。

遠離這些室內色彩搭配禁忌

　　室內搭配是一件私事，能夠展現屋主的個性，但是改變裝修風格是一件既費時又費力的事情，因此裝修的時候要從長遠考慮，最好避開以下這些室內裝修中的搭配禁忌。

一、不要單純使用金色裝飾房間

　　金色是一種雍容華貴的顏色，能夠展現大膽和張揚的個性。搭配白色也會顯示出乾淨整潔的效果。但金色非常容易反射光線，對人的視力傷害很大，也容易讓居住其間的人精神緊張、難以放鬆地休息。所以，在裝修房屋的時候，最好不要大面積使用金色，可以作為壁紙的配色或者窗簾的點綴色出現。

　　衛浴間的牆面如果選用白色作為主色調，添加少許金色可以一掃白色衛浴間的冷清，讓居室更有親和力。

二、不要大面積使用黑色

　　黑色是一種沉重的色彩，會讓內心壓抑，我們很難在這樣的環境中得到充分的放鬆。雖然目前有人選擇用黑色作為裝修的主色調，但是搭配十分重要，如果只是把黑色大

面積鋪陳開來，很難取得良好的效果。

黑色與金色搭配會讓空間顯得沉穩奢華；與白色的搭配是永恆的經典，簡潔乾淨，對比強烈；黑色與紅色也可以進行搭配，整個空間的氣氛顯得濃烈神祕，可以展現出高貴的感覺。

不過，想要用黑色取得良好的裝修效果，設計師一定要精通色彩和心理學，如果只是普通的裝修公司，最好還是避免選擇黑色作為主色調。

三、大面積的紫色不適用於家庭裝修

紫色能夠給人帶來浪漫的想像，受到時尚人士的推崇。但是紫色同樣也容易給人帶來捉摸不透、脆弱纖細的感覺，不適合需要輕鬆氛圍的家庭裝修中。

大面積的紫色還會加深整體色調，讓小孩子感覺壓抑，這與孩子的天性相違背，所以更不適合在兒童房中使用。如果真的覺得紫色情結是自己無法割捨的，可以選擇紫色的裝飾品，比如浴室的幃簾或者紫色的靠墊等等。

四、咖啡色不適合餐廳和兒童房

咖啡色屬於中性的暖色調，樸素優雅又不失莊重，是一種含蓄的顏色。這種含蓄的顏色不適合需要明快色彩的餐廳和兒童房。用在餐廳會讓人感覺沉悶，影響用餐心情和進餐品質。用在兒童房則會讓孩子性格變得憂鬱沉悶。這兩個地方最好避免使用咖啡色，如果一定要用，最好把咖啡色設計為小範圍的點綴色。

　　室內裝修顏色的選擇一定要與房間的功能協調統一，同時要考慮經常在房間內活動的人的心理特徵。另外，在裝修房屋的時候，最好不要選擇過暗的色調，如果一定要使用這樣的顏色，要選擇可靠的設計公司，否則容易影響身心健康。

重點歸納

家庭裝修禁忌

　　家是心靈的港灣，因此需要溫馨和能夠帶來愉悅感的顏色來作為主色調。最好避免大面積的使用無彩色，同時也要注意房間的主人的年齡。

　　兒童房的色彩要鮮明，老氣橫秋的色彩最好作為裝飾出現。如果整個家庭裝修風格想要追求另類時尚的感覺，最好選擇專業的設計公司來設計，防止裝修完成之後發現家庭的主色調讓人心情低落，對身心健康產生不好的影響。

色彩萬花筒：
傳統的五行與家居色彩搭配

　　古人把認為的事件萬物按照屬性可以分為五類，分別屬於金、木、水、火、土。當我們把這幾種屬性與色彩相連的時候，我們會發現它們之間是互通的。其中，白色系代表金、青綠色系代表木、黑藍色系代表水、紅紫色系代表火、黃色系代表土。

　　五行色彩不能胡亂搭配，五行色盤與色相環也有相似之處。相生的五行屬性在色相環中是相鄰的，而相剋的五行屬性在色相環中是相剋的。

　　五行屬性中「木生火」、「火生土」、「土生金」、「金生水」、「水生木」。五行的色彩搭配在生活中有很多例子，比如故宮，紅色的城牆與黃色的琉璃瓦相配就展現了五行中「火生土」的原理。

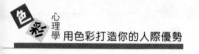

我們在室內裝潢時，如果較多地使用黃色系物品，同時也要在其中點綴一些紅色、紫色的物品，這是根據「火生土」的原理，當然我們也可以選擇代表「金」的白色與黃色相配，這是根據「土生金」的原理。

五行中「木剋土」、「土剋水」、「水剋火」、「火剋金」、「金剋木」。如果居室內綠色居多，那麼就應該儘量避免代表「金」的白色

如果居室內屬於紅紫色調，則要避免藍黑色系，以避「水剋火」的忌諱。

居室內佈置的物品如果多為黃色，則要避免搭配青、碧和綠色，因為「木剋土」。

如果居室內的主色調是白色，就不要搭配大量的紅色、紫色，因為這樣做就犯了「火剋金」的忌諱。

如果居室內的環境主要是藍、黑色調，根據五行原理，一定要避免佈置過多的黃色。否則就會因為「土剋水」而使得居室內不和諧。

Part **8** 商戰中的色彩行銷法

利用「七秒色彩吸引消費者目光理論」

　　在行銷學中，有一個「七秒色彩理論」，這個理論是說對一個人或一件產品的認識，可以在七秒鐘之內以色彩的形態留在人們的印象裡。國外相關機構的研究結果顯示：一種產品瞬間進入消費者視野並留下印象的時間是0.67秒，第一印象占決定購買過程的60％，而這60％是色彩帶來的。因此，合適的色彩行銷方法可以給企業帶來巨大的價值。根據國際流行色協會的調查，在不提高成本的條件上，透過改變產品的顏色可以帶來10％～25％的附加值。

　　為了確定什麼樣的包裝能夠帶來最大的銷售量，雀巢公司曾經做過一個有趣的實驗。實驗組織者把同樣的咖啡分別裝在綠色、紅色和白色的杯子中讓消費者品嘗。結果絕大多數消費者都認為紅色杯子裡面的咖啡味道最棒，綠色杯中的咖啡感覺有些酸，而白色杯中的咖啡味道不濃鬱。根據這個結果，雀巢公司選擇了紅色作為包裝的主要色彩，一經推出就大受歡迎。

　　韓國LG電子公司曾推出了一款通體純黑、一觸即紅的「巧克力」手機，在一項網路調查中，絕大多數消費者都表示，他們都是第一眼就被「巧克力」的紅黑色彩所吸引最終決定購買的。這是七秒鐘色彩理論的另一個實例。

　　很多國際大公司都很精通色彩，能夠把色彩成功的用於產品銷售。在號稱「汽車王國」的德國，因色彩不同而導致的汽車價差可以達到幾百美元。

　　大眾公司利用色彩成功的推出了「立體色彩行銷」方案：經濟型的轎車目標受眾是普通的消費者，這一價格區間的汽車有很多備選顏色，主要是鮮艷、輕快的顏色；中價位的車已經承擔一部分商務用途，過於鮮艷自然不適合商務場合，所以顏色略有收斂，但也不會過於沉重；高價位的車集家用、商用於一身，所以顏色比較沉穩，以黑、白、銀色為主。

　　綜合來講，色彩影響顧客的購買行為時主要有以下四種方式：

　　一、色彩追求：當市場出現流行色時，顧客會對流行色進行追蹤，產生一種「跟隨潮流」的購買行為。

　　二、色彩興趣：某種色彩能夠刺激消費者對其產生好奇和購買熱情，此時消費者就會欣然購買。

　　三、色彩驚訝：當消費者發現某種商品具有自己喜歡但平時很少見的色彩時，他會果斷而迅速地購買。

　　四、色彩憤怒：當消費者認為某種商品具有不祥、忌諱

的色彩時，會產生厭惡和反感。

　　企業在運用七秒鐘色彩理論時要儘量利用前三種的影響作用，防止出現第四種情況。

重點歸納

七秒色彩理論

　　「七秒色彩理論」是說對一個人或一件產品的認識，可以在七秒鐘之內以色彩的形態留在人們的印象裡。合適的色彩行銷方法可以給企業帶來巨大的價值，僅僅透過改變產品的顏色可以帶來10%～25%的附加值。

　　一般來說，利用色彩影響消費者心理主要有色彩追求、色彩興趣、色彩驚訝和色彩憤怒四種方式，商家要努力利用前三種作用來促進商品銷售，防止第四種情況出現。

產品包裝中，隱藏的色彩機密

　　包裝不僅能夠充當產品保護神，還具有積極的促銷作用。日本一位學者曾經研究過包裝的作用，提出包裝一定要具有「醒目、理解、好感」三項功能。包裝要起到促銷的作用，首先要引起消費者的注意。因此要在造型、色彩、圖案、材質上多下功夫，製造出具有醒目效果的包裝。

　　根據「七秒色彩理論」，色彩美是最容易被人感受到的，有的市場學者甚至認為色彩是決定銷售的第一要素。他們提出了紅、藍、白、黑四大銷售用色。這四種顏色是支配我們每天生活節奏的重要顏色，能夠引發消費者的好感與興趣。以紅色為例，它象徵著強大的生命力，是最容易使人激動的顏色，所以很多促銷商品上都用紅色的字體來標價。

　　包裝色彩的運用與人們的心理因素緊密相關。色彩不僅使人產生色彩感，還能引發人們對商品形象的聯想，使色彩和商品之間發生關聯。商品的形象色一般與商品或原料本身固有色有著密切的聯繫。另外，有些名牌產品或較大製造商生產的產品的包裝色彩也會影響整個行業的包裝色彩選擇。這是為什麼同類產品的包裝相似的原因之一。消

費者從這些「形象色」中可以非常容易地瞭解到包裝內裝的是什麼商品，讓消費者快速做出購買決定，這正是使用商品形象色的利益所在。

色彩的冷暖特性也被應用在商品外包裝上。希望帶給人溫暖印象的商品通常會選擇暖色系包裝，而想展現清涼感的商品則會選擇冷色系。對於體內進了寒氣的感冒患者，看到暖色系他們就會感覺自己的病會很快康復，而暖色還帶有親切的印象，能夠讓人聯想到生命和活力，所以大多數的感冒藥包裝都會選擇暖色系。

另外，文化傳統中留下的「色彩偏愛」對現代社會的包裝也有影響。如，「茶聖」陸羽偏愛茶色在青瓷映襯下的碧綠色，這種特點一直延續至今，以淺碧綠色來做茶葉包裝的例子是相當多的。正如「人靠衣裝」，包裝是商品的外衣，巧妙利用色彩對於消費者心理的影響，會讓一個品牌在眾多商品中脫穎而出，迅速佔領市場。

重點歸納

包裝的色彩選擇

根據「七秒色彩理論」，產品包裝的顏色是吸引消費者的第一步。在為一個產品選擇包裝的時候，最重要的是要讓消費者把這種顏色與商品聯繫起來，這種與商品相關的顏色就是商品的形象色。

商品形象色的選擇與商品或原料的色彩、消費者的心理需求以及文化傳統中的「色彩偏愛」有緊密的聯繫。

高對比強的色彩，易吸引孩子目光

　　研究者曾做過一個簡單的實驗：在一個桌子上擺上兩個形狀相同但色彩不同的食品包裝，一個是灰白色調，一個是紅黃綠色調。然後讓三個兒童進行選擇，結果他們全都選擇了色彩鮮艷的包裝。這個實驗顯示：兒童在挑選商品時，色彩是重要因素。因此，兒童產品包裝設計必須具有能夠打動孩子的色彩，這樣才能在最短的時間內贏取孩子的心。

　　不同的色彩作用於人的視覺器官時，會引起人產生帶有情感的心理活動，兒童也不例外。根據心理學研究，兒童的色彩心理會隨著年齡而發生變化。調查顯示兒童大多喜歡鮮艷的色彩。嬰兒喜歡紅色、黃色，4~9歲的兒童最喜歡紅色，9歲兒童又喜歡綠色，5~15歲的學生中男生最喜歡綠、紅、青、黃、白、黑；女生最喜歡的綠、紅、白、青、黃、黑。這反映出年齡越成熟，喜歡的顏色就越傾向成熟。

　　由於兒童的視覺發育不完全，所以他們對色彩純度高的顏色有著特別的偏愛，在設計兒童產品包裝的時候最好使

用純度高的顏色來做對比色，防止出現能夠帶來憂鬱感以及模糊不清的配色。

色彩對兒童有積極的暗示作用。在色彩設計上，兒童產品的包裝多採用鮮紅、嫩黃、金色、蘋果綠、淡紫或玫瑰色等鮮艷的顏色。三原色、對比色的搭配也比較適合兒童的視覺心理，所以也能夠得到兒童的青睞。另外，不同的色彩還能帶來不同的色彩感覺，這一點對於兒童食品的包裝設計就有重要意義。兒童傾向於把甜味和粉紅聯繫起來，把酸味和綠色聯繫起來，苦味是藍紫色，鹹味是藍色。包裝色彩直接影響到兒童對食品口味的選擇，要在理解色彩味覺特點的基礎上進行色彩設計。

目前，如何設計兒童產品包裝對於包裝設計者來說是一個非常重要的課題，他們通常從產品本身固有的顏色出發，對產品的色彩進行提煉和昇華，最後才能設計出看上去五彩繽紛、生動活潑，能夠吸引兒童視線的產品包裝。

重點歸納

兒童產品包裝色彩選擇

由於兒童的視覺發育不完善，因此他們對純度高對比強的色彩有著特別的偏好，這一點對於兒童產品包裝的設計具有重大的參考價值，恰當運用的話可以幫助商家佔領市場。

另外，在設計兒童產品包裝的時候，還需要注意兒童的色彩心理，他們常常把不同的顏色與具體事物或感覺聯繫在一起，要根據這一點對兒童產品包裝進行色彩設計。

女性產品色彩設計，需要考慮年齡

　　女性愛美是一種天性，她們喜歡利用衣服、首飾、鞋帽、髮型、妝容等來修飾自身的形象，不過這種修飾根據不同的年齡有不同的目的——小女孩把自己打扮得漂漂亮亮是希望引起周圍小朋友的注意，引起他們的羨慕；年輕女性打扮自己則是為了引起異性關注，藉此得到愛情；中年婦女則希望利用色彩表現出與年齡相符的高貴氣質，獲得心理上的愉悅；老年婦女希望透過色彩在獲得舒適感的同時贏得大家的尊重。由此可見，面對女性消費者的產品包裝設計，必須要考慮不同年齡階段女性的色彩心理。

　　小女孩的心理還處於兒童期，因此和其他的孩子一樣喜歡純度高對比強的色彩搭配。進入青春期和青年期的19~29歲的女性是女性消費者中的主力軍，她們的消費能力強大，對色彩的需求也很強烈。這一段時間又可以分為四個時期：

　　一、自我陶醉期：這期間的女性以追求個性和自我為目標，一切從自我出發，所以在色彩選擇上追求標新立異和

誇張。

二、求愛期：這期間的女性處於準備結婚的階段，選擇的色彩趨向於能夠顯示自己沉穩成熟的暗色調。

三、成家期：此階段的女性把個人利益放在家庭利益之下，選擇的色彩更加沉穩。

四、年輕媽媽期：當年輕女性變成媽媽之後，她們會優先考慮孩子的需要，把能夠給寶寶帶來安全感的顏色作為首選。總體來說，青年時期的女性是一個強大的消費族群，產品色彩的作用十分重要，而對她們的色彩心理研究也意義深遠。

女性進入中年以後，對艷麗色彩的興趣會逐漸減少，會把實用的家庭需要放在第一位。但是這一階段的婦女收入已經得到了很大程度上的提高，因此對於沒有太大經濟壓力的中年女性來說，她們會更加傾向於選擇莊重素雅的顏色。

以前，面對老年女性的產品市場色彩單一，以灰、黑為主。時代的發展讓她們可以像年輕人一樣工作生活，因此只要自己的心理不抵制，她們就可以和年輕女性一樣享受色彩帶給她的快樂。

不過，老年女性比較喜歡的鮮艷顏色也有自己的特點，她們偏愛一些正紅、正藍等彩度比較高的顏色，而很少嘗試淺色調的顏色，比如淡紅色、淡藍色等。

不論年紀如何，女性消費者始終是消費力量最強的人群，每個公司的市場研究人員幾乎都把如何取悅女性消費

者作為一個課題來研究，其中，選擇符合女性特點的包裝色彩顯然是不可忽視的重要內容。

重點歸納

女性年齡與商品色彩選擇

女性對色彩的選擇反映了其心理活動過程和特徵。女性色彩選擇具有多樣性和多變性，所以女性色彩消費心理在人類色彩消費心理上具有代表性。

一般來說，年輕的女性使用色彩比較隨意，喜歡嘗試各種顏色；中年女性則喜歡乾淨素雅的顏色；而老年女性喜歡穩重的顏色，如果心態開放，她們也會嘗試各種不同的色彩。

暗色調，男性產品包裝中的常客

　　包裝是「無聲的推銷員」，而色彩是影響包裝視覺風格的重要元素之一，色彩是產生視覺衝擊力和藝術感染力的重要前提。對包裝色彩的把握是設計的一大挑戰，色彩影響人的情感、聯想和記憶。在產品的包裝設計中，每一種色彩的選擇都代表著不同的含義，都是設計師向消費者傳達的資訊。所以，確定商品色彩之前首先要瞭解消費對象的生理和心理特徵。

　　面對男性的消費品包裝色彩首先應該瞭解男性的生理與心理特性。從男性生理特徵來講，他們購買產品時考慮較多的是產品的屬性和效用；而從男性心理的角度來分析，他們傾向於穩重的色彩，灰色、青色、深藍色等顏色更能得到他們的青睞。由於男性的心理具有沉靜、穩重的特點，其商品的包裝常採用高純度、低明度的冷色，類似深藍色、深綠色以及深褐色深受他們的歡迎，這些顏色可以給人自信、穩健有力的感覺。不過，年輕的男性除了追求沉靜穩

重，還希望自己表現得活力四射、充滿時尚感。針對這類人群的產品常常使用橙色、綠色等充滿活力的顏色。歐萊雅的男士護膚系列就使用了沉靜的銀灰色和橙色搭配，將產品在沉穩中不乏活力的特性表達得淋漓盡致。

另外，人類對色彩的反應還有更深層的一面，色彩具有象徵性，不同的色彩能夠引發人們不一樣的心理共鳴，產生積極正面，抑或消極反面的影響。不同的色彩傾向能夠反映出不同的商品性質，色彩與商品的關聯性可以給消費者帶來聯想空間。男士產品包裝設計中的剛性美符合男性的生理和心理需求。

對於包裝設計來講，人性化的設計就是尊重人的情感追求。一個好的設計方案應該充分考慮用戶的潛在需求和個性化需求，準確把握用戶的消費心理、行為習慣、文化層次等資訊，將其應用在設計的整個過程中。根據社會賦予兩性的不同定義，讓包裝同時滿足人性化和個性化的需求將是現代包裝設計發展的必然趨勢。

重點歸納

男性產品包裝中的色彩選擇

男性的心理具有沉靜穩重的特點，因此商品包裝常採用高純度低明度的冷色調，其中深藍色、深綠色和褐色是最常出現的顏色。有些男性還期望能夠用表達出自己的時尚感，所以橙色、綠色等也常作為配色出現。按照社會賦予男性的性格特徵，暗色調始終是男性產品的主流色調，可以充分展現男性冷靜、沉穩、可靠的性格魅力。

明度低純度低的色彩迎合老人平和心理

　　心理研究顯示：不同性別、年齡、收入以及不同性格傾向的消費者，對色彩的敏感程度有差異，對色彩的選擇也不同。

　　男性多受理性支配，較少關注顏色；而女性感情豐富，容易從感情出發去選擇顏色；而老年人更加沉穩，更關注產品的內在品質，他們傾向於先考慮產品的功能和實用性，其次才考慮色彩。所以，想要恰當地運用色彩，就要充分考慮產品屬性以及消費者的需求，明確什麼樣的包裝色彩可以更好地傳達情感，滿足消費者的購買慾望。

　　俗話講「觀其服色，而知其人」。也就是說，色彩在某種程度上已經成為顯示身分特點的象徵，老年消費者作為社會一員，大多都經歷了複雜的人生歷程，是一個比較特殊的社會消費族群。他們對商品的色彩選擇，在受到社會道德、文化以及傳統文化制約和影響的同時，也會展現他們各自的社會地位以及精神追求。

　　雖然老年人的審美觀念隨著時代在不斷更新，他們對色彩的選擇偏好也逐漸向年輕化靠攏，但是總體上還是明度低純度低的暗色調產品更受老年消費族群的偏愛，是老年人容易接受和推廣的產品色彩。

　　這是因為明度低純度低的色彩給人一種威嚴和閱歷豐富的感覺，可以使商品看起來更簡約、實用，符合老年人的消費心理。當然，隨著社會的發展和經濟收入的提高，老年人的消費能力不斷增加，審美品味也在提高。

　　不過根據調查分析，在色彩的選擇上，喜好典雅柔和色調的老年人占大多數。傳統的暗色、深色基本上可以滿足現代老年人的需求。

　　社會的發展進步讓老年人的人際交往和各種休閒娛樂活動變得豐富，追求品味時尚的傾向也讓老年人更加關注產品的設計和款式，他們甚至已經可以接受很複雜的產品設計和款式。在這種情況下，如果面對老年人的產品包裝設計的色彩使用過於鮮艷的色彩的話，就會讓老人產生眼花繚亂之感，因此明度低純度低的簡潔設計更能得到老年人的偏愛。

重點歸納

老年人產品包裝中的色彩選擇

　　色彩幾乎已經成了顯示身分特點的象徵，老年消費者是比較特殊的消費族群，多數經歷了複雜的人生歷程，而明度低純度低的顏色能夠讓老年人看起來有一種威嚴感和閱歷豐富的感覺，而且這種色彩的包裝設計看起來簡約實用，是最容易被老年人接受的產品包裝色彩。

櫥窗色彩，能引發消費者購買慾

我們或許都發現過這樣的情況：同一件商品，在A櫥窗裡看起來搶眼誘人，讓人情不自禁駐足觀賞，可是當它在B櫥窗中的時候，我們常常覺得它毫無特色可言。這就是櫥窗色彩設計在商品銷售中起到的作用，合理的櫥窗色彩設計會對商品的銷售有著不可思議的推動作用。

櫥窗的色彩選擇應該從以下幾方面入手：

一、櫥窗的色調設計

色調是整個色彩搭配的主旋律，是櫥窗色彩設計的脊樑。它的設計必須和人群結合在一起，以人的心理活動為依據，讓整個色彩環境多樣而協調，整個空間充滿符合消費者需求的氣氛。

以兒童商品的櫥窗為例，以兒童為銷售對象的櫥窗可以多放置色彩鮮艷而且與銷售的商品相匹配的玩具，這會讓孩子感覺親切溫馨，目光也會自然地被商品吸引。

二、指示牌顏色選擇

指示牌的最主要作用就是指示作用，是用來引導消費者走向各個區域的，所以它的色彩一定要鮮明顯眼，而且要與所在區域的產品相關，方便顧客辨別。

所以在設計櫥窗指示牌的時候需要充分考慮商品特性，結合消費者印象中的商品色彩來選擇合適的色彩和色調。

三、處理好色彩與文字、圖片的關係

研究顯示，當消費者注意到產品時，最先關注的是色彩、然後是圖形，最後才是文字。由於色彩的作用最為突出，所以在設計櫥窗時首先要考慮的是色彩。不過，文字和圖片的作用也不能忽視，要讓三者既合理搭配又重點突出。

四、櫥窗設計的季節性

櫥窗的顏色選擇要與季節相符。春季應該突出生機勃勃的感覺，夏天則應該製造清涼效果，秋季營造成熟氛圍，冬季搭配出溫暖的感覺。

另外也可以根據節假日的主打色彩營造出不同的櫥窗感覺，比如萬聖節的時候以橙色和黑色為主，春節的時候則選用大紅色作為主色調。

櫥窗的作用就是留住消費者，引起他想瞭解產品的慾望，而色彩是吸引注意力時的最重要因素。在設計櫥窗色彩的時候，要根據消費者的心理來佈置，並且與文字和圖片取得平衡。最後，引導消費者進入產品區的指示牌也不

能大意，要讓他們毫不費力地找到自己想要瞭解的商品。只有做到了這幾點，這個櫥窗才能算得上一個合格的櫥窗。

重點歸納

櫥窗色彩設計原則

櫥窗是商品銷售的展示，合理的色彩設計可以讓商品展現出不同尋常的風采。在設計櫥窗的時候，要根據消費人群確定櫥窗的主色調，並且處理好色彩、圖片與文字之間的關係，讓它們形成和諧的整體。設計櫥窗的時候也可以根據季節或者節日氣氛選擇不同的主色調。

除了展示商品的櫥窗，引導消費者進入相關區域的指示牌顏色也很重要。它們的顏色一定要鮮明顯眼，並且要與產品相關，引導消費者進入特定區域消費。

亮麗的商品陳列，讓顧客心甘情願消費

研究顯示，人基本上是用眼睛來觀看、判斷和選擇事物的，對商品的購買慾望往往也是由視覺效果產生的。

有人曾經對顧客進店購買的理由進行了分析，發現視覺影響占購買理由的85％，其中宣傳海報起到的作用占6％，降價標識的作用是6％，看到賣場賣點廣告而引發的購買行為占6％，被店內商品吸引的是36％，由於商品陳列的美觀而購買的占34％。由此可以發現，合理的商品陳列會對消費者產生驚人的影響。

亮麗的商品陳列並不等於把色彩鮮艷的商品擺放在一起，而是透過色彩的合理搭配，使商品鮮明突出又不給人眼花繚亂的感覺。因此進行商品陳列時一定要講究配色。色彩的三要素包括色彩的色相、明度和彩度。這三要素對色彩的特性有重要影響。例如，明度決定色彩的輕重，明度高則輕，反之則重；而色彩的遠近感由純度決定，純度高的近，低的遠。

做商品陳列的時候，我們要根據色彩的三要素進行色區的劃分，這會讓陳列效果事半功倍。劃分色區的時候主要遵循兩點：

一、色區的色彩選擇要重點突出，能夠控制整體的色彩

如果色彩太多的話會顯得繁雜瑣碎，整體性不強；顏色太少則視覺衝擊力不夠，顯得很平淡，這就無法吸引消費者的目光。

二、色彩的穿插呼應性要強

整個賣場的陳列色彩要互相呼應，讓整個賣場形成連續感；但是也不能彼此雷同，否則商場的色調會缺乏活躍感，讓消費者感到整個賣場產品不夠豐富，顯得單調呆板。

在商品的陳列中，一個區塊的顏色搭配最好不要超過四種顏色，否則就會讓消費者感到混亂，不願過多停留。色彩搭配的時候，深色最好在下面，亮色在上面，這樣可以讓消費者感到穩重，否則容易引起輕浮不可靠的感覺。

在陳列商品的時候，要學會巧妙利用「黑、白、灰」三種無彩色，它們是色彩搭配中非常重要的顏色，能夠與各種顏色搭配，使顏色自然過渡。

商品陳列時的色彩選擇

陳列商品的時候，陳列者一定要注意整體和部分的協調。首先各個區塊的色彩搭配一定要與整個賣場的顏色形成連續、跳躍的感覺，既不能各自為政，也不能單調呆板。其次，在同一個區塊中，要讓整體色彩保持諧調，同時穿插一些亮麗的色彩，增強商品的視覺衝擊力。

另外，在一個區塊的陳列中，顏色最好保持在四種以內，深色放在下面，亮色放在上面。這可以給消費者感覺整個賣場井井有條、穩重可靠。

用色彩構築商業王國

　　1956年，IBM公司從公司文化和企業形象為出發點，將自己公司的縮寫「IBM」設計為富有品質感和時尚感的藍色造型，突出表現了追求尖端科技的精神。在此後的幾十年裡，這個藍色的標誌成為IBM公司的代表，整個公司也因為被稱為「藍色巨人」，而公眾也就此把藍色的標誌與IBM公司聯繫在一起了。

　　IBM公司的這種策略就是「企業形象識別系統」，它是把企業的特徵向公眾主動展示與傳播，使公眾對這個企業形成標準化、差別化的印象和認識，以便讓公眾更好的識別，並留下良好的印象。

　　企業視覺識別就是把企業的經營理念視覺化，透過色彩、圖形和字體來樹立企業的形象。由於色彩更能引起大家的注意，所以公司都喜歡選擇能代表自己的色彩來樹立形象，更多的企業選擇色彩與文字或者圖形相結合的方式。

　　企業標準色能夠讓人在色彩和企業之間建立一種聯想。當提到可口可樂的時候，大家會自然地聯想到紅色；當提到麥當勞的時候，黃色會馬上躍入腦海。這些例子也證明

了人們對色彩的感覺是大大優於文字和圖形的。企業有計劃地利用色彩特性獲得大眾認可，塑造良好的企業形象，這既是企業發展的戰略，也是展開市場行銷的手段。

產品不同的企業經常選用的顏色也不相同，但是同行業的企業色彩卻存在很大的相似性，這是由產品的色彩印象決定的。綠色象徵著自然與健康，所以常常被醫院和環保機構採用；紅色象徵著熱情、能量，也能刺激人的食慾，因此能量企業、石油公司以及食品企業常常選擇紅色來作為自己的標誌色；粉色則是代表女性的顏色，也給人溫柔細膩的感覺，因此常被經營女性用品以及嬰兒用品的企業用來傳達溫馨的感覺。

藍色是比較獨特的顏色，世界各國幾乎對藍色都不反感，因此藍色的可塑性最大，各種類型的企業中都有採用藍色來作為自己的標誌色的。

現在，選定自己的代表色幾乎是每個現代企業都會運用的商業戰略，一旦選定代表色，企業的圖示可以使用幾十年，甚至上百年。對於時刻需要考慮成本的商業社會來說是「性價比最高」的商業策略之一。不過企業利用色彩形象戰略最重要的還是利用它來打開市場，給消費者留下深刻的印象，贏得消費者口碑。

重點歸納

企業的色彩形象戰略

　　現在幾乎所有的企業都有自己的形象戰略，其中最主要的方法就是選擇自己的代表色。因為色彩是最容易引起人們注意的手段，比圖片、文字的效果都要好。

　　企業的色彩形象戰略是把企業的特徵向公眾主動展示與傳播，使公眾對這個企業形成標準化、差別化的印象和認識，以便獲得大眾認可。這既是企業發展的戰略，也是市場行銷的手段。企業色彩的選擇主要與產品相關，企業常常會選擇代表產品的顏色來作為自己的標誌色。

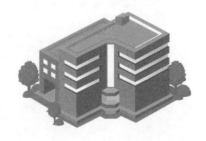

制服顏色中蘊含神祕力量

　　制服設計要根據行業特點、職業特性以及企業的主體文化作參考，並結合常用的色彩來設計。在色彩學中，紅、黃、綠、藍、白、黑被稱為心理視覺上的六種基本感覺色，在設計制服的時候，人們主要利用這六種基本感覺色來展示職業特色。

　　紅色象徵著熱情、權威和自信。需要經常組織大型會議或者集會的公司可以選擇紅色作為公司制服的主色調，這樣員工會在組織中展示出自信和熱情，給與會者帶來良好的印象。

　　紅色中的粉紅色則給人帶來溫柔、甜美的印象，這種顏色可以軟化攻擊、安撫浮躁。經常充當安慰者或者諮詢者的企業適合選擇粉色的制服，比如高級護理人員。

　　黃色是明度極高的顏色，能夠給別人帶來快樂，能讓人與人之間的溝通變得順暢。適合需要給別人歡快心情的職業，比如餐廳的服務員，或者前台的接待員等等。

　　藍色象徵著保守、中規中矩和務實，最適合售後服務人員穿著。這類人經常接到顧客的詢問和投訴，藍色可以平

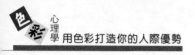
靜對方激動的心情。此時再加上充滿誠意的道歉，更容易
取得對方的諒解。

　　綠色能夠給人帶來平靜的感覺，象徵自由和健康。明度
較高的黃綠色可以給人留下清新、有活力的印象，而明度
較低的草綠、墨綠、橄欖綠則給人沉穩、知性的印象。這
種顏色的制服經常見於環保人士、動物保育人員的制服中。

　　白色是純潔、神聖、善良的象徵，需要贏得別人信任的
工作中很適合白色。醫生的制服就是白色的，這可以給病
人帶來安心的感覺。對於其他行業來說，由於白色給人帶
來的距離感，一般不會單獨使用，常作為其他顏色的配色
出現。

　　黑色象徵著權威、高雅，適合需要表現權威和專業的行
業，比如金融行業。不過黑色也代表著冷漠和拒絕，所以
表現專業感時最常見的顏色稍顯柔和的灰色，灰色制服很
受金融界人士的歡迎。

　　近年來，制服的款式越來越多樣化，格子、條紋等多色
搭配的制服也日漸增多。企業也日益傾向於用小範圍的裝
飾物來突出企業形象，而不是用整個服裝顏色來表現自己。
根據調查，只要5%左右的面積就能夠很好地突出重點，表
現企業形象。

重點歸納

制服的色彩選擇

　　制服能夠提升企業和團隊間的凝聚力和員工之間的協作力，提升企業的文化內涵。制服顏色的選擇主要是根據行業和職業特點來確定的。

　　色彩中的紅、黃、綠、藍、白、黑六種顏色就可以大致表現出人們所有的心理感覺，所以選擇制服顏色的時候常常從這幾種顏色給人帶來的心理感覺來確定。

廣告色彩左右消費者心理

　　企業做廣告的目的是對產品進行宣傳，吸引消費者購買。現代的廣告設計中，除了利用色彩象徵性地表達特定的主題外，更多的是利用色彩的配合創造出適合表達主題本身的完美藝術效果。一個好的廣告能夠引發消費者的購物狂潮，而失敗的廣告則可能讓產品甚至企業陷入虧損的境地。

　　廣告色彩使人能夠明確產品的概念，促使消費者對產品形成清晰的認識和穩固的記憶，相信產品功能的真實性，最終做出購買決策，並對商品進行宣傳。色彩的搭配使用有助於廣告更好地發揮其打動人、吸引人的作用，讓廣告給人留下積極正面的心理感受，從而讓產品更令人喜愛。利用色彩的形象性，有利於創造富有個性的產品形象，使廣大民眾對廣告產生良好的認知從而達到宣傳企業形象、促進產品銷售的作用。

　　廣告中色彩的選擇主要遵循以下幾點：

　　一、根據企業的形象色彩選擇廣告色。這有助於突出廣告主題，並對產品製造商進行宣傳。這樣不僅能夠促進某

種產品的銷售,而且有利於宣傳企業。

二、廣告主色調與文字和圖畫的搭配一定要協調。這一點在雜誌廣告、報紙廣告等印刷品廣告中尤其重要。

三、廣告色彩的選擇要與廣告播放時間協調。白天展示的廣告色彩要鮮明,吸引目光;而晚上的廣告一般會借特殊的燈光效果來展示廣告內容,所以要綜合考慮色彩與燈光的關係。

四、色彩搭配要展現創意。創意的實現既可以透過選用非常規色來展現,比如冷飲廣告採用藍皮膚、藍頭髮的人物形象,讓人感覺到新穎的同時又突出涼爽的主題。當然,也可以利用強烈的色彩對比來突出產品。

五、注意色彩與消費者心理的關係。不同的顏色能夠讓人產生不同的情感,巧妙利用色彩引發的心理變化可以更好地打動消費者,從而達到吸引消費者的目的。

六、廣告色彩要保持真實性。雖然廣告屬於創意產品,可以適當地誇張,但是一定要注意產品的真實性,廣告不能與實物相去甚遠,否則這就是一種欺詐行為。

廣告對於消費者的購買傾向究竟有著多麼重要的影響,看看商家每年砸在廣告上的經費就可以推測出來。而根據「七秒色彩理論」,合理的色彩選擇能夠在第一時間抓住消費者的目光,影響他們的購買決定。如果選擇了不符合消費者心理的顏色,這廣告不僅不能促進購買,甚至可能會因為觀眾的反感而失去市場。所以,廣告的色彩選擇一

定要謹慎，讓廣告真正起到促進消費的作用。

重點歸納

廣告中的色彩選擇

廣告是說服顧客購買產品的有效手段，好的廣告將產生巨大的效益，而廣告色彩的運用則可以使消費者對一個品牌產生深刻的印象。

在選擇廣告色彩的時候，要突出企業形象、與文字圖片和諧統一、適合廣告播放時間、充滿創意，能夠讓消費者產生積極的心理感受。最重要的，廣告色彩要展現產品的真實性。

色彩萬花筒：
依靠色彩起死回生的肉店

　　色彩在商業中的地位十分重要，有的時候，它甚至能夠
幫助一個店鋪起死回生。

　　著名色彩學家切絲汀在他的著作《有用的色彩》中曾經
講過這樣一個故事：一家肉店在開業之初，老闆選擇了能
夠讓店裡顯得明亮而且可以製造明快氣氛的奶油黃來塗抹
牆壁。儘管到店鋪來的客人很多，但奇怪的是肉的銷量卻
一直不好，與店主的預期相差很大。店主很奇怪：「賣的
肉品質很好啊，為什麼沒有人來買呢？」

　　經過仔細地觀察和分析，店主發現讓銷售量上不去的原
因正是奶油色的牆壁。客人進入店鋪之後，首先看到的是
奶油色的牆壁，然後才會把目光轉移到肉上，此時奶油黃
色的補色就會在眼中留下模糊的殘像，而奶油色的補色正

是青紫色。

　　因此，當人們把視線轉移到肉上的時候，就像戴了一副青紫色的眼鏡來看肉，此時的肉就會呈現出青紫色，看起來十分不新鮮。這樣自然就沒有人願意購買了。

　　瞭解了這一點之後，老闆把肉店的顏色改成了粉綠色，在粉綠色的陪襯和對比下，肉的粉紅色顯得格外鮮嫩。肉的銷量上去了，肉店也就此起死回生。

▶ **色彩心理學：用色彩打造你的人際優勢！** （讀品讀者回函卡）

■ 謝謝您購買這本書，請詳細填寫本卡各欄後寄回，我們每月將抽選一百名回函讀者寄出精美禮物，並享有生日當月購書優惠！
想知道更多更即時的消息，請搜尋 "永續圖書粉絲團"

■ 您也可以使用傳真或是掃描圖檔寄回公司信箱，謝謝。
傳真電話：（02）8647-3660　　信箱：yungjiuh@ms45.hinet.net

◆ 姓名：＿＿＿＿＿＿＿＿＿＿　□男 □女　　□單身 □已婚

◆ 生日：＿＿＿＿＿＿＿＿＿＿　□非會員　　□已是會員

◆ E-mail：＿＿＿＿＿＿＿＿＿　電話：（　）＿＿＿＿

◆ 地址：＿＿＿＿＿＿＿＿＿＿＿＿＿＿＿＿＿＿＿＿

◆ 學歷：□高中以下　□專科或大學　□研究所以上　□其他＿＿＿

◆ 職業：□學生　□資訊　□製造　□行銷　□服務　□金融

　　　　□傳播　□公教　□軍警　□自由　□家管　□其他＿＿＿

◆ 閱讀嗜好：□兩性　□心理　□勵志　□傳記　□文學　□健康

　　　　　　□財經　□企管　□行銷　□休閒　□小說　□其他

◆ 您平均一年購書：□5本以下 □6～10本　□11～20本

　　　　　　　　　□21～30本以下　□30本以上

◆ 購買此書的金額：＿＿＿＿＿＿＿

◆ 購自：□連鎖書店　□一般書局　□量販店　□超商　□書展

　　　　□郵購　　　□網路訂購　□其他

◆ 您購買此書的原因：□書名　□作者　□內容　□封面

　　　　　　　　　　□版面設計　□其他

◆ 建議改進：□內容　□封面　□版面設計　□其他＿＿＿＿

　　您的建議：

讀好書品嚐人生的美味

色彩心理學：用色彩打造你的人際優勢！